Dunkles Land

Trauerbegleitung
in der
astrologischen Beratung

Über die Autorin

*»Märchen erzählen nicht von einer heilen Welt -
aber, wenn du sie verstehen lernst, dann heilen sie
deine Welt.«*

Ilona Picha-Höberth
Psychologische und systemische Astrologin, Freie Erzählerin und Autorin.
Nach autodidaktem Studium der klassischen Astrologie und einer Ausbildung zur psychologischen Astrologin engagierte sie sich in den 1990er Jahren intensiv in der Hospizbewegung. Sie leitete Ausbildungsgruppen für Trauer- und Sterbebegleiter, sowie verschiedene Seminare und Fortbildungen im Bereich der Persönlichkeitsentwicklung für unterschiedliche soziale Organisationen.
Seit mehr als 30 Jahren arbeitet sie als beratende Astrologin in eigener Praxis, sowie als Fotokünstlerin, freie Erzählerin und Autorin von Märchen, Geschichten und Sachbüchern.

Bisherige Publikationen im creAstro-Verlag:
- »Wer küsst Rapunzels Schuh?« - 2005
- »PICCO – ein Märchen« - 2008
- »Märchen vom grünen Fluß« - 2010
- »Stille Nacht – Raue Nacht« (CD) - 2011
- »Märchen von der Unmöglichkeit der Liebe« 2013
- »Kosmische Momente« - 2014
- »Das Sandelholzmädchen« (CD) – 2016

Kontakt: iph@creastro.de

Ilona Picha-Höberth

Dunkles Land

Trauerbegleitung
in der
astrologischen Beratung

creAstro Verlag

Besuchen Sie auch die Website www.creAstro.de

Bibliografische Information Der Deutschen Bibliothek
Die Deutsche Bibliothek verzeichnet diese Publikation in der
Deutschen Nationalbibliografie; detaillierte bibliografische
Daten sind im Internet über http://dnb.ddb.de abrufbar.

Ilona Picha-Höberth
Dunkles Land
Trauerbegleitung in der astrologischen Beratung
Wasserburg am Inn, creAstro-Verlag , 2016
ISBN: 978-3-939078-05-0

© (2016) Ilona Picha-Höberth
Alle Rechte vorbehalten. Das Buch darf – auch auszugsweise
– nicht ohne vorherige schriftliche Genehmigung der
Autorin wiedergegeben werden.

Grafik: Gerhard Höberth / www.hoeberth.de
Umschlaggestaltung: Gerhard Höberth
Umschlagsfoto: Ilona Picha-Höberth
Gedruckt in Deutschland

Inhaltsverzeichnis

1. Dunkles Land - Wege durch die Trauer   11

1.1 Trauerbegleitung in der astrologischen Beratung   11

1.2 Was ist Trauer und wodurch wird sie ausgelöst?   17
1.2.1 Denial / Verweigerung   *31*
1.2.2 Anger / Zorn   *32*
1.2.3 Bargaining / Feilschen   *33*
1.2.4 Depression   *35*
1.2.5 Acceptance/Annehmen   *36*

1.3 Was bedeutet Trauerbegleitung?   37

1.4 Trauer hat viele Gesichter   43
1.4.1 Saturn   *46*
1.4.2 Uranus   *56*
1.4.3 Neptun   *65*
1.4.4 Pluto   *82*

1.5 Trauer im sozialen Kontext   91

2. Märchen und Astrologie   99

3. Märchen   103

3.1 Die Mosfrau   103

3.2 Hintergrund des Märchens   116

4. Anwendung in der Praxis — 121

4.1 Jede Reise beginnt mit dem ersten Schritt — 123

4.2 Schritt 1 - der Verlust des Gewohnten — 133
4.2.1 Anklage, Selbstvorwürfe und Schuldgefühle — 138
4.2.2 Leugnen und Nicht-wahrhaben-wollen — 144
4.2.3 Konfrontation des Unabwendbaren — 147

4.3 Schritt 2 - Aufbruch — 151
4.3.1 Nützliche Helfer — 156
4.3.2 Wichtige Werkzeuge — 167

4.4 Schritt 3 - Gestärkt auf den Weg machen — 179

4.5 Plutonische Wandlung — 183
4.5.1 Tod und Wiedergeburt — 195
4.5.2 Ein neuer Kreislauf — 201
4.5.3 Zu-sich-selbst-finden — 215
4.5.4 Rituale für einen gelungenen Abschied — 221

4.6 Schritt 4 - Zurück ins Leben — 229

*»Ich habe keine Lehre.
Ich zeige nur etwas.
Ich zeige Wirklichkeit.
Ich zeige etwas an der Wirklichkeit,
was nicht oder zu wenig gesehen worden ist.
Ich nehme ihn, der mir zuhört, an der Hand
und führe ihn zum Fenster.
Ich stoße das Fenster auf und zeige hinaus.
Ich habe keine Lehre, aber ich führe ein Gespräch.«*

Martin Buber

Nacht ohne Antwort

Der Vater kam von der Beerdigungszeremonie zurück. Sein siebenjähriger Sohn stand mit weit offenen Augen am Fenster, ein goldenes Amulett am Hals. Er war zu jung, um mit seinen Gedanken ins Reine zu kommen. Der Vater nahm ihn auf den Arm und der Knabe fragte: »Wo ist Mutter?« »Im Himmel«, antwortete der Vater und wies nach oben. Der Knabe erhob die Augen zum Himmel und starrte lange in das Schweigen. Sein verstörter Geist sandte eine Frage in die Nacht: »Wo ist der Himmel?« Keine Antwort kam. Und die Sterne waren wie brennende Tränen in dieser Nacht, ohne Antwort.

Tagore

1. Dunkles Land - Wege durch die Trauer

> »Können und Wissen helfen nicht weiter, so lange
> Ängste, Wünsche und Bedürfnisse nicht erkannt
> werden. Wir müssen zuhören, zuhören und
> nochmals zuhören.«
> (Prof. Dr. Marina Kojer)

1.1 Trauerbegleitung in der astrologischen Beratung

Wann sucht ein Mensch den Rat eines Astrologen? Wenn er hofft, eine glückliche Zukunft offenbart zu bekommen? Einen Lottogewinn? Einen Traummann? Reisen? Gewiss, für viele mag das genau der Vorstellung entsprechen, die sie von einer astrologischen Sitzung haben. Für sie besitzt Astrologie mehr oder weniger nur Unterhaltungswert. Aber diese Klienten suchen meist mehr nach einem Wahrsager und unsere Arbeit ist für sie wohl eher in den Bereichen der Zuckerwürfel-Astrologie oder des Kaffeesatzlesens angesiedelt und hat mit einer seriösen Beratung und vor allem Förderung der individuellen Weiterentwicklung nicht sehr viel zu tun.

In den meisten Fällen jedoch, in denen eine Klientin oder ein Klient um einen Termin bittet, geht es um ernsthafte Herausforderungen auf dem Lebensweg, Krisen, während derer er sich Beistand und Begleitung wünscht. Menschen suchen Rat, wenn Schicksalschläge ihre Lebensordnung bedrohen und sie wünschen sich Orientierung, wenn der Weg, der gerade noch so klar vor ihnen lag, plötzlich in ein undurchdringliches Chaos mündet.

Insofern ist es natürlich nicht abwegig, dass Menschen gerade in Trauer- oder Verlustsituationen den Weg zu einem Astrologen suchen.

Für Berater ist dies immer eine gewisse Herausforderung, denn Trauerprozesse zu begleiten, erfordert ein grosses Mass an Sensibilität und Empathie. Trauer ist ein Prozess, der nicht nach vorgeschriebenen Regeln verläuft, nicht nach messbaren Zeiten und nicht nach vorhersehbaren Effekten des Trauernden. Sie ist eine psychische Reaktion auf ein schmerzhaftes Ereignis, die den Regeln unserer Gesellschaft, die auf Berechenbarkeit und Kontrollfähigkeit setzt, grundlegend widerspricht. Insofern ist ein Astrologe in einer solchen Ausnahmesituation auch eher gefordert, den Klienten zu unterstützen, ihn zu begleiten, als ihm Rat- oder Verbesserungsvorschläge zu erteilen. Schnelle Lösungsansätze sind nicht gefragt, wenn ein Mensch mit einer Verlustsituation fertig werden muss, die sein ganzes

Trauerbegleitung in der astrologischen Beratung

Leben von einer Sekunde zur anderen infrage gestellt hat.

Doch, wie werden wir einem Menschen gerecht, der gerade alles verloren hat? Wie können wir ihn trösten und so stärken, dass er den langen Weg der Trauer, der vor ihm liegt, seiner individuellen Persönlichkeit entsprechend, gehen kann, ohne sich zu verlieren und ohne sich selbst infrage zu stellen?

Menschen in Trauersituationen reagieren i.d.R. noch sensibler, als sonst, auf Verbesserungsvorschläge oder Berichtigungsversuche. Gerade deshalb brauchen sie mehr Einfühlungsvermögen, mehr Verständnis, für ihre Unzulänglichkeiten und mehr Unterstützung, als zu anderen Zeiten.

Die Astrologin und Psychoanalytikerin Liz Greene schrieb in ihrem Buch ›Saturn‹[1]:

»Einen beim Astrologen Rat suchenden Durchschnittsmenschen kann man nicht sagen, seine Schmerzen seien letztendlich Teil des Wachstums und der Evolution eines größeren Lebens, zu dem er selbst auch gehöre. Es kann ihm nicht helfen, wenn seine persönlichen Probleme mit für ihn unverständlichen Ausdrücken bewältigt werden. Er interessiert sich auch sicher nicht dafür, dass selbst die Erdenseele sich

---

[1] Liz Greene »Saturn«, Hugendubel, 8. Auflage, München 1991

vorbereite auf eine Einweihung in eine höhere Sphäre, und dass sein persönliches Streben mit diesem höheren Streben zusammenhänge.«

Um so mehr gilt diese Erkenntnis für Zeiten der Trauer. Erfährt ein Ratsuchender hier keine Unterstützung, sondern Infragestellung oder moralische Bewertung, wird er seine Trauer nicht mehr nach Außen tragen. Er wird sie verstecken oder schlimmstenfalls verdrängen.

Einen Menschen in seinen dunkelsten Stunden zu begleiten ist auch für uns Astrologen seelische Schwerstarbeit. Sie ist anstrengend und mühsam, denn sie macht uns mehr zu Seelsorgern, als zu Ratgebern. Darüber hinaus verlangt sie von uns, dass wir uns selbst und unser persönliches Wollen - noch mehr, als in jeder anderen Beratungssituation - zurücknehmen und uns ganz auf unser Gegenüber einlassen.

Das Gelingen eines solchen Gespräches hängt weit mehr von unserer Einfühlung und unserer Fähigkeit ab, den anderen so zu sehen, wie er ist und was er gerade braucht, als von unseren Lehrmeinungen und unserem Wissen.

Die Gesprächsführung in einer astrologischen Beratung ist immer eine Kunst, die über alles Fachwissen

Trauerbegleitung in der astrologischen Beratung

hinausgeht. In einer Trauersituation sind wir gefordert, diese Kunst aufs Bestmögliche zu verfeinern.

Carl Rogers, Psychologe, Psychotherapeut und Begründer der klientenzentrierten (nicht-direktiven) Gesprächstherapie, fasste die Grundpfeiler seiner Arbeit in folgenden Begriffen zusammen:

- Echtheit
- Emotionale Wärme
- Selbstkongruenz

Sie bilden auch heute noch die Basis eines respektvollen Umgangs mit Klienten und Ratsuchenden.

Gerade während einer Trauer braucht ein Mensch, so viel mehr als sonst, das Gefühl, angenommen, wichtig und wertvoll zu sein, und nicht berichtigt oder kritisiert zu werden. Es ist in dieser Situation nicht seine Absicht, seine Persönlichkeit zu erweitern oder zu entwickeln, er möchte in seinem Schmerz nur verstanden und akzeptiert werden. Und er möchte Möglichkeiten aufgezeigt bekommen, wie er mit diesem Schmerz umgehen soll.

Wir als Astrologen können dazu beitragen diesen Weg durch die Trauer zu erleichtern, indem wir keine guten Rat-‹*Schläge*› erteilen, sondern es möglich machen, dass ein Mensch sich in einer seiner schwersten Lebenssituationen nicht zusätzlich selbst in Frage stellen oder für seine Gefühle und Empfindungen schämen muss.

1.2 Was ist Trauer und wodurch wird sie ausgelöst?

Per Definition ist Trauer der große seelische Schmerz, der durch einen Verlust ausgelöst wird bzw. die Reaktion auf einen Verlust. Siegmund Freud drückte es so aus: »*Trauer ist keine Krankheit, keine Fehlfunktion und kein Zeichen psychischer oder charakterlicher Schwäche, sondern ein normaler, gesunder und psychohygienisch notwendiger Prozess der Verarbeitung von einschneidenden Verlusten und Veränderungen.*«

Deshalb trauern Menschen nicht nur im Falle eines Todes, sie trauern auch, wenn sie verlassen werden, von Partnern, Freunden, Familienangehörigen oder wenn sie ihre Jobs oder ihre Wohnungen verlieren. All das löst eine Trauerreaktion aus, die gelebt werden will und muss. Was dabei nicht vergessen werden darf, ist, dass Trauer, auch, wenn sie keine Krankheit ist, so doch Schwerstarbeit für die Seele bedeutet. Sie umfasst die gesamte physische, psychische, mentale, soziale und kollektive Wirklichkeit eines Menschen. Gerade deshalb ist Trauer auch immer eine gefährliche Zeit, in der das Risiko einer körperlichen Erkrankung oder einer zusätzlichen sozialen Krise weitaus größer ist, als in anderen Lebensphasen. In Zeiten der Trauer gehen überdurchschnittlich häufig Beziehungen kaputt, Familien brechen auseinander, Berufe können aufgrund der seelischen und körperlichen Belastung nicht mehr ausgeführt werden usw. Dies kann der Beginn eines verhängnisvollen Teufelskreises sein. Statistiken beweisen, dass Eltern, deren Kind verstorben ist, überdurchschnittlich häufig auch ihre Beziehung zueinander verlieren. Nach dem Verlust des Jobs, der Wohnung, des Partners steigt signifikant das Risiko einer schweren körperlichen oder seelisch-geistigen Erkrankung.

Die Erkenntnis, dass Trauer keine Krankheit ist, darf nicht zu dem Umkehrschluss führen, dass ein Mensch in einer Trauersituation genauso belastbar und selbstreflektiert ist, wie zu anderen Zeiten. Seine kognitiven, aber auch seine physischen und psychischen Fähigkeiten können eingeschränkt sein. Er ist nicht in der Verfassung, Einflüsse und Anregungen von außen so anzunehmen und zu verarbeiten, wie er es zu anderen Zeiten zu tun in der Lage ist.

Wir leben in einer Gesellschaft, in der Krisen häufig gleichgestellt werden mit persönlichem Versagen. Wir betrachten Phasen von Krankheit, Trauer oder Verlust allzu gerne als Folgen falschen Verhaltens, das einer Korrektur bedarf und vergessen dabei allzu leicht, dass Schmerz und Leid zum natürlichen Kreislauf des Lebens gehören. Kein Wunder, dass wir uns selbst und auch anderen nicht den nötigen Raum und nicht die Zeit geben, um derartige Prozesse aufzuarbeiten.

Was ist Trauer und wodurch wird sie ausgelöst?

Trauernde Menschen haben mir oft berichtet, dass Therapeuten, psychologische Berater, leider auch Astrologen, ihnen gesagt hätten, sie hätten sich den Verlust des geliebten Menschen in Wirklichkeit gewünscht und sich eine Befreiung herbeigesehnt. Eine Mutter, deren Kind während der Geburt verstorben war, erzählte mir, man hätte ihr gesagt, das Kind würde bei ihr nicht leben wollen. Derartige Aussagen sind absolut indiskutabel und können seelische Verletzungen verursachen, die mitunter ein Leben lang nicht mehr verheilen oder zumindest zu einer langfristigen Desorientierung führen. Das Beispiel meiner Klientin Billie zeigt, dass Trauer sogar durch eine unsensible, festlegende Aussage erst verursacht werden kann.

Billie kam auf Anregung einer Freundin zu mir und wirkte zunächst sehr verschlossen und misstrauisch. Sie berichtete, dass sie kurz vor der Hochzeit stünde, aber sich nicht ganz sicher wäre, ob dies wirklich eine gute Entscheidung sei.

Als ich sie fragte, ob es denn einen Grund dafür gäbe, ihrem Verlobten zu misstrauen, erzählte sie plötzlich, dass sie sich vor Jahren schon einmal ein Horoskop hätte erstellen lassen. Der Kollege hätte ihr dringend geraten, keine Kinder zu bekommen, da sie eine ›Todesmutter‹ wäre und zu befürchten stünde, dass sie ihr eigenes Kind, unter welchen Umständen auch immer, ums Leben bringen würde.

DUNKLES LAND - WEGE DURCH DIE TRAUER

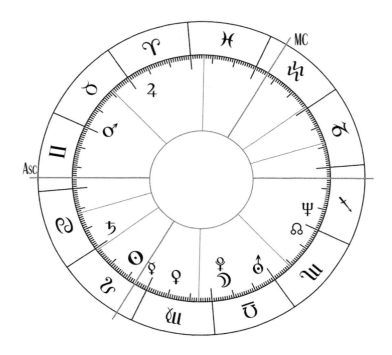

Horoskop Billie

Billie meinte, damals hätte sie das gar nicht so betroffen gemacht. Aber seit sie sich verlobt hätte, würde - unausgesprochen - natürlich auch die Frage nach gemeinsamen Kindern im Raum stehen. Die Aussage des Astrologen ging ihr nicht mehr aus dem Kopf. Innere Bilder quälten sie Tag und Nacht und sie sähe

Was ist Trauer und wodurch wird sie ausgelöst?

es immer wieder vor ihrem geistigen Auge, wie sie ein kleines Kind mit einem Messer töten würde. Diese Angstzustände und Visionen würden immer schlimmer und sie wagte nicht, mit ihrem Verlobten darüber zu sprechen. Lieber würde sie die Hochzeit abblasen. Zudem kam eine tiefe Trauer darüber, dass sie auf ein Kind verzichten müsse. Sie träume nachts davon, dass sie an einem Grab stünde und sie könne nicht mehr an anderen Frauen mit Kinderwagen oder einem Geschäft mit Babykleidung vorbeigehen, ohne in Tränen auszubrechen. Ihre Verzweiflung war so groß, dass sie bereits an Selbstmord dachte.

Billies Horoskop zeigt eine enge Mond-Pluto-Konjunktion im 5. Haus, in dem auch Uranus im Quadrat zu Saturn in 2 und Merkur, als Horoskopherrscher in 3 steht.

Auf meine Frage, ob sie sich denn vor dem Besuch bei meinem Kollegen überhaupt Kinder gewünscht hätte, hob sie erstaunt den Kopf und sagte: *»Nein, niemals! Ich konnte mir niemals vorstellen Kinder zu haben. Schon als ich ein kleines Mädchen war, spielte ich lieber mit Werkzeugen, als mit Puppen. Als Mutter hab ich mich nie gesehen!«*

Während unseres Gespräches erinnerte Billie sich wieder daran, dass die Vorstellung Kinder zu haben, erst durch die Aussage des Astrologen in ihr Bewusstsein getreten war. Erst danach sah sie sich in einer imaginären Mutterrolle, die sie aber durch seine deterministische Festlegung der ›Todesmutter‹ nicht erfüllen könne. Dies löste eine tiefe Trauer und Angst in ihr aus und hätte sie fast dazu gebracht, ihre Beziehung zu riskieren.

Unsere gemeinsame Aufgabe bestand nun darin, eine andere, für sie passendere Erlebensform ihrer Planetenkonstellation zu finden. Das 5. Haus symbolisiert nicht nur unsere Kinder. Es ist der Bereich unserer Kreativität und aller Prozesse, die darauf warten, ins Leben entlassen zu werden. Ganz besonders gilt dies, wenn Mond im Spiel ist, dann wollen wir etwas hegen und pflegen. Auch Pluto steht hier nicht nur den biologischen Tod - es mag in Einzelfällen vorkommen, ist aber sicher nicht die Regel. Wer eine herausragende Konstellation, wie Mond-Pluto im 5. Haus hat, braucht eine Aufgabe, die ihn seelisch ausfüllt, ihn an Grenzen bringt, die ihn auch in die Lage versetzt, dem ›Stirb und Werde‹ ganz nahe zu kommen, ihm aber am Ende das Gefühl verleiht, er könne aktiv daran etwas beeinflussen. Am konstruktivsten wird er diese Aufgabe über eine kreative oder künstlerische Tätigkeit annehmen können. Wenn Trauer und Angst die Kreativität und Lebendigkeit blockieren, ist die Gefahr eines destruktiven Auslebens aber entsprechend erhöht, wie man an Billies Beispiel sah.

Was ist Trauer und wodurch wird sie ausgelöst?

Vielleicht hat der Kollege diese Aussage der ›Todesmutter‹ gar nicht so drastisch gemeint, wie sie bei der Klientin angekommen ist. Manche Begriffe aus unserer astrologischen Lehrzeit faszinieren uns aufgrund ihrer bildhaften Dramatik - wir ›spielen‹ gerne damit und verwenden sie, um die Tragweite der astrologischen Konstellationen auszuloten. Als anschauliche Lehrbeispiele haben sie sicherlich auch ihre Berechtigung.

In der astrologischen Praxis sollten wir jedoch sehr vorsichtig mit derartigen ›Schlagworten‹ umgehen. Der Klient nimmt unsere Worte so, wie sie gesagt sind, er erkennt die theatralische Dramatik nicht, die rein symbolisch gemeint ist. Darin liegt eine große Gefahr. Am Ende ist das zu verarbeitende Trauma für ihn größer, als die Hilfe, die er sich von unseren Aussagen erhofft hatte.

Billie ist übrigens heute immer noch mit ihrem Mann verheiratet. Sie sind glücklich, auch ohne Kinder. Als sie, nach meinem Anraten, endlich den Mut fand, mit ihm darüber zu sprechen, stellte sich heraus, dass auch er sich nie Kinder gewünscht hatte und so sah er den Verzicht darauf nicht als Verlust an.

Billie lebt ihre Mond-Pluto-Konjunktion, die ihr eine so tiefe bildhafte Vorstellungskraft verleiht, als Fotografin aus. Sie hat sich auf Urbex- und Decay-Fotografie spezialisiert, eine Kunstrichtung, die sich auf die

Ablichtung verlassener, zerfallener Häuser und Ruinen konzentriert. Diese Arbeit mit dem ›Charme der Vergänglichkeit‹, wie sie selbst sagt, gibt ihr das Gefühl etwas kontrollieren und festhalten zu können und das ist für sie eine perfekte Verwirklichung ihrer Mond-Pluto-Konjunktion im 5. Haus.

Deterministische Aussagen können also ebenso Auslöser für Trauer sein, wie auch Festlegungen auf angeblich unbewusste Herbeisehnung einer Krankheit oder einer Krise, welche im Klienten Selbstzweifel und Schuldgefühle induzieren. Diese resultieren häufig aus der fehlerhaften Gleichstellung von ›ganzheitlicher Seele‹ und ›Psyche‹. Die Erfahrungsbereitschaft dieser unsterblichen, übergeordneten Seele, kann und wird auf unseren menschlichen Ebenen, wie sie durch die 4 Quadranten angelegt sind - nämlich: physisch, psychisch (seelisch), geistig und kollektiv - nicht bewusst wahrgenommen. Die Doppeldeutigkeit des Begriffs ›Seele‹ verführt leicht zur Gleichsetzung dieses unsterblichen Kerns mit den psychologischen Bereichen von Emotionen und Gefühlen. Deshalb dürfen wir Astrologen diese unbewusste Haltung nicht mit ›Vorsatz‹ verwechseln und die momentane Unfähigkeit des Klienten, etwas daran zu verändern, nicht mit ›Absicht‹.

Was ist Trauer und wodurch wird sie ausgelöst?

Im Bezug auf Krankheitserscheinungen ist dieser Irrtum in der Psychosomatik schon längst revidiert. Es gibt auf unserem Entwicklungsweg keine Einbahnstraßen. Krankheiten, wie alle Erfahrungen, können sowohl von der Psyche (Seele), als auch von der Begegnungsebene (Geist), sowie der kollektiven Ebene auf den Körper wirken und umgekehrt.

Beharren wir als Berater auf einseitigen Aussagen, erschweren wir für unsere Klientin unnötigerweise den Heilungsweg.

Jeder Berater sollte sich dieser Verantwortung bewusst sein. Auch, wenn derartige Ansichten vielleicht seiner ureigensten spirituellen oder esoterischen Überzeugung entsprechen mögen, sind sie in einer astrologischen Beratung völlig unangebracht. Sie stellen eine ideologische Beeinflussung dar. Im schlimmsten Fall beleidigen sie sogar den Klienten, schränken ihn ein, verletzen oder beschämen ihn. Unsere Intentionen als Astrologen müssen dahin gehen, den Ratsuchenden in seiner Persönlichkeit zu festigen, ihm Wege und Möglichkeit aufzeigen, die seiner ureigensten Individualität entsprechen. So sehr wir auch in unserem eigenen Glauben gefestigt sein mögen, missionieren gehört nicht zu unseren Aufgaben. Letztendlich sind auch neo-spirituelle Lehren Glaubensüberzeugungen und keine feststehenden Wahrheiten.

Wenn es uns jedoch gelingt, einen Klienten zu ermutigen, die schmerzhaften Erfahrung der Trauer anzunehmen und auch die damit verbundenen Ängste, ohne, dass er sich dafür infrage gestellt sieht, dann können wir ihn auf einem Heil bringenden Weg begleiten. Er wird Hoffnung finden - und das Leben wird es zeigen, dass sich eines Tages der große Schmerz des Verlustes in eine tiefe Dankbarkeit darüber wandelt, den verlorenen Menschen gekannt und geliebt zu haben.

Gerade die Astrologie lehrt uns doch, dass das Leben bestimmten Rhythmen unterliegt, dass es Zeiten der Fülle und Zeiten der Einschränkungen gibt, Zeiten der Freude und Zeiten des Leides. Die Astrologie bemächtigt uns, wie keine andere Lehre, dazu, einen Menschen in seinem individuellen Sein und seinen persönlichen Entwicklungsprozessen zu unterstützen und zu fördern. Ein Mensch trauert, wie es seiner inneren Landkarte entspricht. Nicht so, wie es die Gesellschaft wünscht und auch nicht so, wie es manche Lebensphilosophie oder theoretische Glaubenslehre vorgibt.

Dennoch ist es nur natürlich, dass wir nach einer Art Fahrplan suchen, einem Schema oder einer Tabelle, an dem wir ablesen können, wie wir mit Menschen in Ausnahmesituationen oder Trauernden umzugehen haben. Wir als Gesellschaft haben verlernt, auf unsere Gefühle

Was ist Trauer und wodurch wird sie ausgelöst?

zu achten. Themen, wie Tod und Sterben sind aus unserem Umfeld weit gehend entfernt. ›*Think big and positive*‹ lautet unser tägliches Mantra, von dem wir glauben, dass es uns unsterblich macht. Krankheiten, Krisen und Katastrophen passen nicht mehr in unseren erfolgsorientierten Lifestyle. Im Gegenteil, sie sind etwas, das wir uns in Filmen oder Büchern zu Gemüte führen und dabei die Hoffnung nähren, dass sie uns selbst erspart bleiben. Das Unglück und Elend anderer Menschen sollte bitte auch das der Anderen bleiben und sollte es einmal wirklich in unserer nächsten Umgebung auftreten, haben wir ganz schnell neo-spirituelle oder küchen-psychologische Urteile zur Hand, mit denen wir die Ursache für das Leid auf den Betreffenden abschieben. So glauben wir uns sicher vor all den Schicksalsschlägen, die das Leben bereit hält.

Die Begegnung mit Trauernden und Sterbenden führt uns jedoch vor Augen, dass dieses Schicksal uns selbst auch nicht erspart bleibt - egal, wie bewusst oder spirituell wir unser Leben gestalten mögen. Sie wird für uns zum Spiegel und weckt Urängste in uns, die uns an unsere eigene Verletzlichkeit und Vergänglichkeit erinnern. Kein Wunder also, dass wir uns mit einem respektvollen und gerechten Umgang mit Betroffenen sehr schwer tun und uns wünschen, wir hätten ein Rezept oder eine Art Katalog, der es uns ermöglicht, richtiges Verhalten Punkt für Punkt abzuarbeiten.

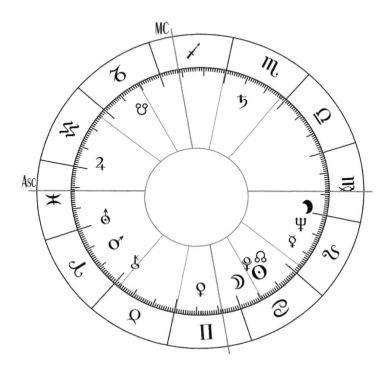

Horoskop Kübler-Ross

Die Psychiaterin Elisabeth Kübler-Ross (*08.07.1926, 22:45h, MEZ, Zürich *[Rodden-Rating A]* + 24.08.2004 - Sonne-Pluto-Nordknoten-Konjunktion 5. Haus/Krebs) gilt heute unbestritten als die Begründerin der Sterbeforschung. Durch ihre Arbeit rückte sie die Einsamkeit, das Leid und die Ängste, die Sterbende

Was ist Trauer und wodurch wird sie ausgelöst?

durchleben, wieder in das Bewusstsein unserer Gesellschaft. Mit ihrer Arbeit legte sie den Grundstein für einen humaneren Umgang mit schwerstkranken Menschen und deren Angehörigen, auf die auch die Hospizbewegung und unsere heutige Palliativmedizin aufbauen. In ihren bereits 1969 erschienenen ›Interviews mit Sterbenden‹[1], ein Buch, das bis heute als Grundlagenwerk in der Begleitung Sterbender gilt, beschrieb sie die Situation von Menschen mit infausten Prognosen in Kliniken und gab ihnen somit erstmals die Möglichkeit, ihre Bedürfnisse auszudrücken.

Ein wesentlicher Bestandteil ihrer Arbeit sind die von ihr beobachteten ›fünf Phasen des Sterbens‹, die sich jedoch auch generell auf die Phasen der Trauer übertragen lassen. Sie beziehen sich nicht ausschließlich auf den physischen Vorgang des Sterbens, sondern beschreiben grundsätzlich die unbewussten Strategien der menschlichen Psyche, um mit Extremsituationen fertig zu werden. Kübler-Ross legte Wert auf die Feststellung, dass es bei diesen Phasen keine festgelegte Reihenfolge und auch keinen Ausschluss von Wiederholungen gibt. Die einzelnen Phasen müssen auch nicht zwingend durchlaufen werden. Also stellen sie

---

[1] E. Kübler-Ross, Interviews mit Sterbenden, Kreuz-Verlag, Stuttgart, 1969

keine Richtlinie dar, die wir beobachten und nach der wir uns Schritt für Schritt vorwärts arbeiten können.

Dennoch gibt diese Aufstellung einen guten Einblick, welche psychischen Reaktionen Trauer hervorruft bzw. hervorrufen kann. Aus diesem Grund möchte ich sie hier nicht ausführlich darstellen, sondern nur aufzeigen, dass die Empfindungen, Gedanken und Gefühle des Trauernden immer wieder einer gewissen Wandlung und Veränderung unterworfen sind und wir ihn nicht von einem momentanen Ist-Zustand auf eine dauerhafte Haltung festnageln können. Im Gegenteil, in der Trauer - wie in allen schwierigen emotionalen Phasen - verändern und wiederholen sich unsere Gedanken und Gefühle in einem ständigen Kreislauf.

Da es in diesem Buch auch nicht um Sterbe- sondern um Trauerbegleitung geht, habe ich mich hier auch ausschließlich auf Themen der Trauer bezogen und nicht auf solche, die mit schweren Krankheiten und Sterbeerfahrungen einhergehen.

Was ist Trauer und wodurch wird sie ausgelöst?

1.2.1 Denial / Verweigerung

Der psychische Schmerz oder Schock über das Geschehene kann so groß sein, dass der Betreffende ihn nicht ertragen kann. Dies betrifft i.d.R. Patienten und deren Angehörige, die eine schwere Diagnose erhalten haben, von der sie noch nicht in der Lage sind, sie sofort zu akzeptieren. In der Trauer mag dies deutlich seltener vorkommen, dennoch kann Leugnung und Verweigerung eine erste Abwehrreaktion auf den erlittenen oder bevorstehenden Verlust sein.

In der Beratungssituation ist dies eine äußerst sensible Angelegenheit. Es mag nicht immer einfach sein, herauszufiltern, ob es sich hier tatsächlich um einen dauerhaften Realitätsverlust oder um eine vorübergehende Reaktion handelt. In den meisten Fällen mag es ratsam sein, sich ein Stück weit auf die Gedankenwelt des Klienten einzulassen, ohne unerfüllbare Hoffnungen zu nähren. Die Phase der Leugnung erfordert tatsächlich eher Begleitung, als Beratung. Es geht nicht darum, den Klienten mit der Wahrheit zu konfrontieren. In dieser Situation braucht er ein offenes Ohr für seine Ängste und der Berater ein feines Gespür dafür, was dem Klienten in der momentanen Situation wirklich helfen kann. Es ist ein Weg der kleinen Schritte, nicht der, der weiten Vorausschau.

1.2.2 Anger / Zorn

Wut, Neid oder verschiedene andere Formen der Aggression sind ein wichtiger Bestandteil eines Ablösungsprozesses. Jeder Pubertierende entwickelt gewisse Aversionen gegen Mutter und Vater, die es ihm ermöglichen, erwachsen zu werden und sich vom Elternhaus abzulösen. Zeitweilige Negativgefühle sind also notwendig, um Abschied zu nehmen, auch im Falle eines Todes. Diese Emotionen müssen sich jedoch nicht grundsätzlich gegen denjenigen richten, der gegangen ist - also den Verstorbenen oder den Verlassenden - sie können sich durchaus auch auf das gesamte soziale Umfeld des Betreffenden erstrecken. Insofern kann natürlich auch der astrologische Berater zur ungewollten Projektionsfläche werden. Nimmt er diese Angriffe persönlich, wird daraus eine verhängnisvolle Streitspirale entstehen, die den Erfolg einer Beratung mit Sicherheit verhindert.

Trauernde oder Menschen in emotionalen Ausnahmesituationen verfügen i.d.R. nicht über das, was wir einen gesunden Menschenverstand nennen und können auch meist nicht abwägen, ob ihre Vorwürfe gerecht oder ungerecht sind. Gerade deshalb ist hier Geduld gefordert und die Fähigkeit (die wir als Berater ohnehin besitzen sollten) Dinge, die in einer Sitzung ausgesprochen werden, nicht auf uns selbst zu beziehen und persönlich zu nehmen.

Was ist Trauer und wodurch wird sie ausgelöst?

1.2.3 Bargaining / Feilschen

Kübler-Ross schreibt, dass es sich hierbei meist um eine flüchtige Phase handelt, in der der Betroffene in kindliche Verhaltensweisen regrediert. Er/sie versucht zu verhandeln - meist mit Gott oder einer übergeordneten spirituellen Macht. »Wenn ich dieses oder jenes tue ...«, »... auf etwas verzichte ...«, »... ein Opfer bringe ...« usw., »... wird alles wieder gut.«

In der Trauer wird uns diese Phase eher bei einer Situation des Verlassenwerdens begegnen. Hintergrund solcher Verhaltensweisen sind häufig Schuldgefühle oder aber auch aus der Kindheit resultierende Allmachtsvorstellungen. Ein Kind, das schwache oder kranke Eltern hatte, mag schon früh gelernt haben, dass es durch sein Verhalten auf die häusliche Situation Einfluss nehmen konnte, in dem es z.b. die Eltern nicht durch Lärm gestört, keine Bitten und keine Ansprüche gestellt hat. Dieses Kind hat permanent Verzicht geübt, hat Opfer gebracht, hat auf seine Lebensfreude und auf die Lust am Spiel verzichtet. Wenn dieser Verzicht es mit sich gebracht hat, dass Mama oder Papa sich besser fühlten, dann hat es gelernt, durch sein Verhalten das Wohl und Wehe seiner engsten Bezugspersonen bestimmen zu können. Als Erwachsener mag in einer starken Stresssituation eine solche Erinnerung unbewusst wieder mitschwingen. Es ist ein Prozess zu erkennen, dass wir im

Grunde keinerlei Einfluss auf das Schicksal eines anderen nehmen können - egal, zu welchen Opfer wir auch bereit sein mögen. In der astrologischen Beratung hilft das Aufzeigen derartiger Zusammenhänge dem Klienten, sich seiner Denk- und Fühlmuster bewusst zu werden und sich dadurch von unnötigen Schuldgefühlen zu befreien. Die Stellung Saturns und seiner Aspekte im Grundhoroskop geben darüber Auskunft, wie eine solche familiäre Programmierung ausgesehen haben mag.

Was ist Trauer und wodurch wird sie ausgelöst?

1.2.4 Depression

Diese Phase drückt sich durch absolute Sinn- und Hoffnungslosigkeit aus. Der Trauernde hat jegliches Vertrauen darin verloren, dass sein Leben ohne den Verstorbenen bzw. denjenigen, der ihn verlassen hat, jemals wieder lebenswert sein kann. Gefühle der Isolation, der Vereinsamung können auftreten und die innere Überzeugung, dass man ein glückliches Leben nicht mehr verdient hat. In diesem Stadium ist es wichtig, dem Trauernden Gelegenheit zu geben, diese Gefühle auszudrücken. Er braucht Zeit, sie zu durchleben. Nur so kann Aufarbeitung stattfinden. Durch bewusste Aussprache seiner Befürchtungen kann es ihm ermöglicht werden, den Wahrheitsgehalt dieser tiefsitzenden Überzeugungen selbst zu reflektieren und sich, wenn die Zeit reif ist, wieder davon zu lösen.

1.2.5 Acceptance/Annehmen

Der Trauernde ist bereit, den Verlust anzunehmen und ihn als unveränderlichen Bestandteil seines Lebens zu betrachten. Verläuft diese Entwicklungsstufe normal, fängt der Trauernde an, den Dingen nach und nach wieder ihren Platz und ihren Wert zu geben. Er hadert nicht mehr mit seinem Schicksal, dennoch bleibt er auch in dieser Phase äußerst sensibel und verletzlich in Bezug auf Äußerungen anderer. Erklärung, wie z.b. der Hinweis auf unbewusste Befreiungswünsche oder höhere Entwicklungsstufen können nach wie vor starke Schuldgefühle oder auch - im gesünderen Falle - aggressive Abwehrreaktionen hervorrufen. In der Phase der Akzeptanz ist es hilfreich, den Blick des Klienten nach vorne zu richten, ihn zu ermutigen, die Vergangenheit liebevoll im Herzen zu bewahren, aber auch den Mut zu entwickeln, neue Wege einzuschlagen oder Inhalte zu suchen, die sein Leben wieder bereichern können.

1.3 Was bedeutet Trauerbegleitung?

> »*Ein einziger Mensch, der uns wirklich Liebe
> entgegenbringt, kann den Unterschied zwischen
> Leben und Tod ausmachen.*«
> Elisabeth Kübler-Ross

Der Weg durch die Trauer ist immer ein einsamer. Niemand im Außen ist im Stande, Trauer abzunehmen. Aber dennoch ist es hilfreich, in diesen schwierigen Zeiten nicht mehr alleine zu sein, als nötig. Ein Trauernder braucht einen guten Berater, der ihn ermutigt und ihm dabei hilft, seinen Schmerz so zu leben und auch zuzulassen, wie es seiner Individualität entspricht.

Gerade die Astrologie sollte und könnte es doch möglich machen, einen Menschen auch in seiner Trauer so anzunehmen und ihn mit sich selbst auszusöhnen, wie es seiner individuellen Art entspricht. Eine astrologische Beratung kann bewirken, dass ein Trauernder sich nicht mehr nach den von außen aufdiktierten Erwartungshaltungen seiner Umgebung, nicht nach den selbst auferlegten, inneren saturnischen Vorschriften oder Zwängen verhält, sondern den Mut entwickelt, seinen eigenen Weg zu gehen. Dazu gehört aber auch, dass er an einen Berater gerät, dem es nicht in erster Linie darum geht, *Recht zu haben*, sondern dem Klienten in seiner Situation *Recht zu tun*.

Einem Menschen, dem seine Trauer nicht bewusst ist, wird es nicht viel nutzen, ihn darauf hinzuweisen, dass er sich genau dieser zu stellen hat. Vielmehr mag es darum gehen, dass der Klient sich angenommen und verstanden fühlt in all dem Durcheinander an Gefühlen und Abwehrreaktionen, die eine Trauer beinhaltet.

Meine Gespräche mit Trauernden haben immer wieder gezeigt, dass es am Ende darauf ankommt, Respekt und Akzeptanz zu erfahren. Wie Trauer verläuft, ist abhängig von der Persönlichkeit. Aber auch von der kulturellen Prägung, von der spirituellen oder religiösen Verankerung, von der Härte früherer Verluste – oft in früher Kindheit – und, nicht zuletzt, von der Art des Schicksalsschlages. Wer schon in den ersten Lebensjahren nicht die Stabilität sicherer Beziehungen erfahren hat, wer Todesfälle und Verluste erlebt hat, in einer Zeit, in der es ihm noch nicht möglich war, diese auch zu verstehen und zu verarbeiten, d.h. die damit verbundene Trauer auszudrücken und mitzuteilen, wird es auch als Erwachsener schwerer haben, mit derartigen Situationen fertig zu werden. Mit jedem neuen Verlust, werden immer auch die Erinnerungen an frühere Verluste geweckt – auch, wenn dies nicht in jedem Fall bewusst geschieht.

Das Horoskop kann uns also wertvolle Hinweise darauf geben, wie jemand seine Trauer annehmen kann und wie er durch einzelne Trauerphasen geht.

Was bedeutet Trauerbegleitung?

Damit kann jede astrologische Beratung eine individuellere Begleitung während eines Trauerprozesses bieten, als jede andere Form des Beistandes.

Der im Jahre 2004 verstorbene Priester und Mitbegründer des ersten Tageshospizes in Deutschland, Heinrich Pera schrieb in seinem Buch ›Sterbende verstehen‹[1] von vier Ebenen, auf denen der Mensch Schmerz oder Trauer erleben kann:

- Durch den Leib
- Durch die verunsicherte, ängstliche Seele,
- Durch das mitbetroffene, soziale Umfeld
- Durch die bohrenden Fragen: Warum ich? Warum jetzt? Wie geht es weiter?

Als Astrologen können wir hier unschwer die vier Quadranten des Horoskopes erkennen:

1. Physischer Quadrant
2. Psychischer Quadrant
3. Geistiger Quadrant / Begegnungs-Quadrant und
4. Kollektiver Quadrant / Schicksals-Quadrant

---

[1] Heinrich Pera, »Sterbende verstehen«, Herder Verlag, Freiburg 1993

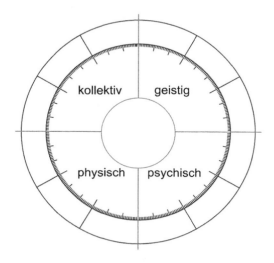

Vier Quadranten

Trauer kann und wird uns also in jedem Quadranten begegnen. Durch körperliche Einschränkungen, durch psychische Auswirkungen, durch soziale Probleme in Partnerschaft und Beziehungen und/oder durch das Hadern mit dem eigenen Schicksal, welches wiederum in der Folgewirkung zu Problemen auf der Körper-Seele-Geist-Ebene führt – ein verhängnisvoller Kreislauf.

Was bedeutet Trauerbegleitung?

Heinrich Pera schreibt in seinem Buch:

»*So macht uns gerade im Dienst der Begegnung mit Leidenden das Betrachten der Ganzheit deutlich: Der Mensch ist niemals nur ein Objekt, eine fein konstruierte, anfällige Maschine, sondern: Er ist und bleibt immer Subjekt, und das hat viel und alles mit Würde zu tun*«.

Das, worunter ein Mensch also in seiner tiefsten Trauer neben dem Schmerz des erlittenen Schicksalsschlages am meisten leidet, ist der Verlust seiner Würde. Denn jede Vorschrift, jede Erwartungshaltung, jede Entmündigung und jede Infragestellung von außen wird ihn genau dieser Würde berauben.

Gespräche, die moralisieren, dogmatisieren oder generalisieren werden einen Trauernden nur noch mehr verunsichern. Sie dienen vielleicht der Eitelkeit und der Rechthaberei des Ratgebenden, aber sie stellen keine Hilfe dar. Ein Mensch, der in Trauer lebt, mag den Kontakt zu sich selbst und zu seiner Umgebung verloren haben. Er wird für Vernunft, logische Argumente und vor allem für Verbesserungsratschläge nicht zugänglich sein – und das muss er auch nicht. Einem Menschen in Trauer ist nicht damit geholfen, wenn man ihm sagt, was er besser oder anders machen sollte. Auch Hinweise auf eine ›höhere Ordnung‹, die wir vielleicht im Horoskop erkennen, werden in einer akuten Trauersituation wenig hilfreich sein. Im Gegenteil, sie werden nur dazu führen, dass der Trauernde sich noch weniger verstanden fühlt und immer mehr verschließt.

Dennoch wird er Fragen stellen und als Astrologen sind wir gefordert, Beistand zu leisten und – im besten Falle – eine Art Wegbeschreibung zu geben, die dem Klienten hilft, sich im inneren Chaos zurechtzufinden.

1.4 Trauer hat viele Gesichter

> »Jeder sieht, wie du scheinst,
> nur wenige fühlen, wie du bist«
> Niccolo Machiavelli

Jeder Mensch trauert anders – Trauer ist so individuell, wie Menschen es eben sind. Persönliche Erfahrung, individuelle oder pränatale Prägung, aber auch Skriptthemen, die Erlebnisse unserer Herkunftsfamilien, unserer Ahnen bestimmen die Art unseres Trauerns. Wer aus einer Sippe stammt, in der in der Vergangenheit schwere Einbußen, existenzielle Bedrohungen, Kriegstraumata, Vertreibung oder Flucht erlebt und durchlitten wurden, wird mit Verlusten ungleich schwerer umgehen können, als jemand, der psychische, materielle und soziale Sicherheit erfahren hat.

Wir erleben gerade eine Generation der Kriegsenkel. Die Pluto-Saturn-Konjunktion in den frühen 80er Jahren des letzten Jahrhunderts und die ca. 10 Jahre später stattfindenden Pluto-Saturn-Quadrate zeigen in den Horoskopen vieler junger Erwachsener die Bürde der von den Großeltern gemachten schweren und lebensbedrohenden Erfahrungen. Sie sind in ihren Seelen gespeichert. Bei eigenen Verlusten werden diese inneren, oft unbewussten Ängste wieder geweckt. Und in jedem neuen Verlust schwingt die Angst aus den

Erlebnissen früherer Generationen wieder mit. Es mag für viele von uns deshalb nicht leichter werden, schwerwiegende Transformationsprozesse während des Lebens im Geiste des Loslassens mit Demut und Zuversicht hinzunehmen, wenn die kollektive Erinnerung an Krieg, Flucht und Vertreibung in uns weiter lebt.

Die Stellungen der langsamlaufenden Planeten im Horoskop, wie Saturn, Uranus, Neptun und Pluto, geben uns Aufschluss darüber, inwieweit jemand über derartige ›Altlasten‹ verfügt. Gerade bei Positionierungen im 8. Haus kann von einem Sippenprogramm oder im 12. Haus von einer entsprechenden pränatalen oder karmischen Erfahrung ausgegangen werden.

Ebenso geben die mehr oder minder starken Betonungen der langsamlaufenden Planeten - Hausstellungen, Zeichenbetonungen, Rückläufigkeit und Aspekte auf persönliche Planeten - grundlegende Anhaltspunkte darüber, wie Trauer erlebt wird und welche Krisen und Chancen sich durch ihre Qualität ergeben.

Zeitqualitative Erscheinungen, wie Transite, Direktionen und Auslösungen können Verhaltensweisen während des Trauerprozesses anzeigen, die eher untypisch für den Geborenen sind. Schwere Krisen, Verluste und Einschnitte verändern uns, sie werfen uns

Trauer hat viele Gesichter

aus den gewohnten Bahnen. Bei der Betrachtung des Horoskops müssen wir eben immer auch die entsprechenden zeitlichen Entwicklungen mit einbeziehen, um dem Klienten in seiner Ganzheit gerecht zu werden. Wenn ein Mensch sich in einer Krise selbst nicht mehr versteht, kann die Astrologie wertvolle Dienste leisten, ihn wieder mit sich auszusöhnen und helfen, Aspekte seiner Persönlichkeit, die ihn befremden, zu akzeptieren. Das befreit ihn am Ende vor der inneren Angst, sich selbst zu verlieren.

1.4.1 Saturn

Ein saturnbetonter Mensch kann das Leben nicht leicht nehmen. Ernsthaftigkeit ist seine Natur. Für ihn ist alles, was der tut oder was ihm geschieht mit Pflichten und Verantwortung verbunden. Daher ist es auch in Trauersituationen schwierig, einen Trost zu finden. Saturn-Menschen müssen vieles mit sich alleine klären, weshalb sie Raum und vor allem Zeit zum Rückzug, zur Besinnung und zur Ruhe brauchen. Zwischen Allein-Sein und Einsamkeit gibt es für sie nur einen sehr schmalen Grat und es ist im Umgang mit ihnen eine große Herausforderung, diese Grenze zu erspüren und vor allem zu respektieren. Oft wünschen sie sich Nähe und Zuspruch, können aber damit gar nicht umgehen, weil sie nicht zur Last fallen wollen, sich nicht angenommen fühlen und nicht aus ihrer inneren Isolation herausfinden.

Angebote der Hilfe mögen manchmal etwas schroff zurückgewiesen werden, auch, wenn sie noch so gut gemeint sind und vielleicht sogar dringend benötigt werden. Dies resultiert aber i.d.R. nicht aus einer Unhöflichkeit, sondern eher aus der inneren Überzeugung, dass sie Unterstützung gar nicht annehmen dürfen. Saturnier fühlen sich oft zur Einsamkeit geboren. Sie haben nicht gelernt, andere zu bitten, etwas für sie zu tun. Sie haben gar nicht die Erwartung, oder auch nur eine Vorstellung davon, dass ihnen das zusteht.

Trauer hat viele Gesichter

Im Umgang mit einem saturn-betonten Menschen mag es manchmal den Anschein haben, als würde er gar nicht trauern. Aber das täuscht. Er mag nach Außen eine unbeteiligte Fassade der Ruhe und der Distanz aufrechterhalten. Hinter dieser Fassade laufen jedoch Prozesse ab, die alle damit zu tun haben, eine Erfahrung daraufhin zu reflektieren, was er hätte besser machen können. In der Beratungssituation mag er den Eindruck erwecken, dass er geneigt ist, alles mit dem Verstand zu begreifen oder mit rationaler Vernunft anzunehmen und zu erklären. Deshalb spielt er auch sein eigenes Leid und seinen Schmerz herunter. Dies geschieht jedoch nur, weil er Gefühle und Schwäche nicht zu zeigen gelernt hat, weil es ihm unangenehm ist, hilfsbedürftig zu erscheinen und er seine Umgebung nicht mit seinen Emotionen belasten will. Ein weiterer Aspekt ist, dass er es gewöhnt ist, Situationen mit Vernunft und Pragmatismus zu betrachten. Emotionale Reaktionen, wie Weinen oder Klagen, passen nicht in seine anerzogenen Verhaltensmuster und nicht in seine Vorstellung von Würde.

Ein Saturnier mag den Anspruch an sich selbst haben, sich zusammenzureißen und sich nach außen hin nichts anmerken zu lassen, in seinem Innersten aber quält er sich mit Schuldgefühlen und Selbstvorwürfen. Er mag sich mit der Frage beschäftigen, welche Erwartungen er nicht erfüllt hat oder was er hätte tun können, um das Geschehen zu verhindern, was er versäumt hat und nun nicht wieder gut zu machen oder unwiederbringlich verloren ist. Seine Gedanken sind durchzogen von Selbstzweifeln und Selbstkritik und nicht zuletzt von der Frage nach der Schuld.

Er wählt den Weg der Einsamkeit und des Rückzugs. Ein Saturnier flüchtet sich häufig in seine Arbeit oder andere Verpflichtungen, weil er Trauer und Tränen als Schwäche ansieht. Jammern und klagen gilt bei ihm nicht. Im Grunde wünscht er sich oft sehnlichst, weinen zu können, die Trauer lässt ihn jedoch erstarren.

Im Gespräch fürchtet er für sein Verhalten bewertet oder infrage gestellt zu werden. Die Ursache dafür mag sein, dass er schon als Kind die demütigende Erfahrung von Kritik machen musste. Im schlechtesten Fall hat er nun als Erwachsener gelernt, sich selbst und andere zu kritisieren. Dies mag insbesondere dann der Fall sein, wenn es Saturn-Verbindungen zum Jungfrau-Merkur oder dem 6. Haus gibt. Konstruktive, förderliche Kommunikation ist eine wichtige und wesentliche Lektion für ihn.

Saturn ist der Planet der Langsamkeit, weshalb auch Verlustsituationen bei saturnbetonten Menschen oft von einer gewissen Trägheit oder Langsamkeit geprägt sind. Befindet sich ein Ratsuchender in der Trauer, hat er oft einen langen, zermürbenden Weg des Abschiedes hinter sich, das kann durch den Tod eines Angehörigen

Trauer hat viele Gesichter

verursacht sein, der durch eine langwierige schwere Erkrankung ging oder durch eine Trennungsphase, die sich nicht selten über mehrere Jahre hinzog.

In solchen Zeiten ist es eigentlich natürlich, dass Gefühle zwischen Angst vor Verlust und dem Wunsch, dass es doch endlich zu Ende gehen möchte, hin- und herschwanken. Wer sich insgeheim wünscht, von einer langandauernden erdrückenden Situation befreit zu werden, auch, wenn dies den Tod des geliebten Menschen bedeutet, quält sich später meist mit herben Selbstvorwürfen und Schuldgefühlen. Das Erkennen, dass derartige Entlastungswünsche nicht aus Egoismus entstanden sind, sondern aus der permanenten Überbelastung und der daraus entstehenden Erschöpfung, wirkt befreiend und beeinflusst den weiteren Umgang mit der Trauer entscheidend.

Fallbeispiel Saturn

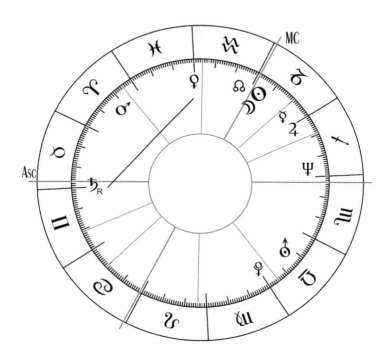

Horoskop Sabine

Sabine (Sonne, Mond, Merkur im Steinbock, Saturn Konjunktion AC) hatte sich zur Zeit ihrer Saturnrückkehr von ihrem langjährigen Lebenspartner getrennt, weil sie sich von ihm durch seine permanente Untreue verraten gefühlt hatte. Nach der Trennung zog sie wie-

Trauer hat viele Gesichter

der nachhause zurück, obwohl ich ihr davon abgeraten hatte. Ihre Eltern, die sie spät bekommen hatten, zogen sie mit Strenge und vor allem viel Kritik auf. Besonders der Vater war ein sehr despotischer Mensch, mit dem sie schon in der Kindheit und Pubertät harte Kämpfe zu fechten hatte (Pluto in 5). Schon kurze Zeit nach ihrer Rückkehr ins Elternhaus brachen die alten Konflikte wieder auf.

Als Sabine gerade auf der Suche nach einer eigenen Wohnung war, erkrankte der Vater schwer und wurde zum Pflegefall. In dieser Zeit gelang es Sabine nicht mehr, sich von ihrem Elternhaus zu lösen.

Sie übernahm zusammen mit der Mutter die Pflege, die insgesamt zwei Jahre dauerte. In dieser Zeit stellte die junge Frau ihr eigenes Leben völlig zurück und die Eltern ließen keinen Zweifel daran, dass sie auch genau das von ihrer Tochter erwarteten.

Die Situation im Elternhaus wurde durch die Krankheit des Vaters immer schwieriger. Er drangsalierte die beiden Frauen. Vor allem Sabine konnte ihm nichts Recht machen und wurde mit ständigen Vorwürfen überschüttet, sie hätte es zu nichts gebracht, nicht einmal zu einer eigenen Familie.

Damit streute er immer wieder Salz in ihre Wunden, da sie sich - angezeigt durch das Quadrat des rückläufigen Saturns auf Venus - ohnehin selbst nicht als liebenswert empfand.

Obwohl sie ihren Vater liebte und Angst davor hatte, ihn zu verlieren, mehrten sich die Phasen, in denen sie sich wünschte, es wäre endlich vorbei. »Ich träumte nachts manchmal von seinem Tod«, sagte sie. »Vielleicht hab ich ihn ja herbeigesehnt?«

Als nach circa zwei Jahren Uranus im Quadrataspekt zur AC-DC-Achse stand, geschah ein schreckliches, unvorhersehbares Unglück.

Sabines Vater war starker Raucher gewesen und auch in der Zeit seiner Erkrankung hatte er den Konsum seiner geliebten Zigarren nicht eingeschränkt. Auf Bitten von Frau und Tochter reagierte er jedes Mal mit cholerischen Ausbrüchen.

Eines Morgens, Sabine hatte ihren Vater nach dem Frühstück gewaschen und ihm seine Medikamente verabreicht, gab sie ihm, wie gewünscht, seine Zigarre und verließ das Zimmer.

Wie sie später sagte, hätte sie ihn einige Minuten darauf rufen hören. Da er aber an diesem Tag wieder einmal besonders schlechter Laune war, wollte sie nicht schon wieder in sein Zimmer gehen, sondern einige Zeit ungestört draußen im Garten verbringen.

Die Mutter war gerade beim Einkaufen und so bemerkten die Beiden erst nach ihrer Rückkehr, dass unter der Tür des Schlafzimmers dicker Rauch hervorquoll.

Trauer hat viele Gesichter

Der Schwelbrand konnte gelöscht werden, der herbeigerufene Notarzt jedoch nur noch den Tod des Vaters feststellen. Er war in seinem Bett erstickt.

Die Aufarbeitung ihrer Schuldgefühle war ein Prozess für Sabine, der sich über viele Jahre hinzog. Immer wieder quälte sie sich selbst mit der Erinnerung und ihrer vermeintlichen Verantwortung am schrecklichen Tod ihres Vaters. Schon aufgrund ihrer Erziehung, in der es immer nur richtig oder falsch gab, in der jeder Fehler, jedes Versagen übermäßig kritisiert wurden, fiel es Sabine nicht leicht, sich selbst zu verzeihen. Immer wieder dachte sie, sie könne mit der Vergangenheit abschliessen und immer wieder holte sie sie ein. Sie isolierte sich völlig von ihrem Bekanntenkreis, wurde depressiv und schließlich arbeitsunfähig.

Sogar die Mutter, die nach einigen Jahren wieder heiratete, hatte kein Verständnis mehr für die Tochter, die sich, ihrer Aussage nach »immer nur im Elend suhlte«.

Erst über die Bewusstwerdung der prägenden Muster ihrer Kindheit und der langsam wachsenden Akzeptanz, dass sie in dieser Situation nicht vorsätzlich gehandelt hatte, sondern aus ihrer Erschöpfung und Überforderung heraus, löste sie sich schließlich mehr und mehr aus den Selbstqualen und inneren Vorwürfen. Und sie lernte auch zu verstehen, dass sie diese lange Zeit der Trauerarbeit benötigte, um nicht nur den Abschied von ihrem Vater zu vollziehen, mit dem sie eine, wenn auch schwierige, so doch sehr innige Beziehung verband, sondern auch, um über diesen Prozess wesentliche Muster im Selbstumgang zu erkennen und aufzulösen.

Saturn am AC bedeutet, dass dieser Mensch länger als andere braucht, um wichtige Prozesse des Lebens zu durchlaufen. Jeder Abschied, jeder Neubeginn braucht mehr Zeit, mehr Geduld, als bei anderen. Menschen im direkten Umfeld können dies oft nicht oder nur sehr schwer verstehen. Aber dieses Wissen kann helfen, wenn es darum geht, geduldig und nachsichtig mit sich selbst und anderen zu werden.

In der Arbeit mit einem Saturnier ist es wichtig, ihn vor selbstquälenden Schuldgefühlen zu bewahren und ihm zu helfen, destruktive Gedankenmuster aufzulösen. Dabei ist es hilfreich, ihm aufzuzeigen, wie sein innerer Zensor funktioniert, wie erzieherische Prägung wirkt und zuletzt auch, dass es sicherlich nicht im Sinne des geliebten Verstorbenen lag, ihn mit dieser Qual zurückzulassen. Ein gutes Leben aus Liebe und Ehre den Toten gegenüber zu führen, kann für einen Saturnier ein Anreiz sein, seine Trauer konstruktiv zu bewältigen.

Trauer hat viele Gesichter

Urteile über seine Situation, direktives Verhalten oder das Erteilen von Rat- und Verbesserungsvorschlägen hingegen können innerseelische Wunden verursachen oder aufbrechen, die ohnehin nur schwer verheilen. Ein Saturn-Mensch sucht oft unbewusst danach verurteilt zu werden, weil er sich ohnehin mit dem Gedanken an Schuld und Verfehlung plagt. In der astrologischen Praxis können wir ihm diese Muster bewusst machen und helfen, weitere Selbstqualen zu verhindern.

Vielleicht können wir ihn daran erinnern, dass er im positiven Sinne durch die Stärke und Klarheit Saturns in der Lage ist, den Schmerz der Trauer in seiner ganzen Tiefe anzunehmen. Er versteht, wie kein anderer, die Notwendigkeit schicksalhafter Erfahrungen im Leben und vergeudet keine Energie darin, sich gegen diese zu wehren. Er weiß, dass Verluste und vor allem auch der Tod zum Menschsein gehören. In seiner tiefsten Seele hegt er ein Einverständnis mit den Prozessen innerer Entwicklung, auch, oder vielleicht gerade, wenn sie mit schmerzhaften und verlustreichen Erlebnissen verbunden sind. Er weiß einfach, dass er die Kraft hat, diese zu ertragen. Er wird sich nicht auflehnen gegen das, was das Schicksal ihm nimmt, sondern in Demut und mit einer gewissen inneren Größe annehmen, was das Leben für ihn bereithält.

1.4.2 Uranus

Uranus-betonte Menschen agieren und reagieren gerne auf unberechenbare Weise. Sie lassen sich in keine Schublade stecken und ihr Verhalten ist im Grunde nie vorhersehbar. Wie ein Mensch lebt, so trauert er und so ist es auch bei Uraniern keine Seltenheit, dass ihre Trauer ganz anders in Erscheinung tritt, als bei ihren Mitmenschen.

Uranus, der Planet, der plötzliche Lebensveränderung, Ausbruch und Befreiung symbolisiert, bringen wir nicht leicht in Verbindung mit langfristigen Prozessen, wie Trauer. Aber natürlich kann Trauer auch uranische Züge beinhalten. Ich habe in meiner Arbeit als Trauer- und Sterbebegleiterin immer wieder Menschen erlebt, die ausgebrochen sind aus der Erwartungshaltung ihrer Umwelt, die nicht geweint, nicht geschrien und sich nicht in ein stilles Kämmerlein zurückgezogen haben. Diese Menschen haben Nächte durchtanzt und sexuelle Eroberungen gesucht – Nacht für Nacht, bis sie endlich nach langen Monaten, manchmal sogar Jahren, zusammengebrochen sind und sich ihrer Trauer und ihrem Schmerz endlich stellen konnten.

Fallbeispiel Uranus

Ein junges Ehepaar kam eines Tages in meine astrologische Praxis. Vor fast einem Jahr war ihr Kind kurz

Trauer hat viele Gesichter

nach der Geburt verstorben. Die jungen Eltern wussten schon während der Schwangerschaft, dass dieses Kind nicht lebensfähig sein würde. Die Vorbereitungen zur Geburt waren für die Beiden also nicht, wie üblich, mit freudiger Erwartung verbunden, sondern mit Kummer und Angst. Tatsächlich lebte die kleine Tochter nach der Geburt nur 8 Stunden. Die Eltern begleiteten sie, nahmen sie abwechselnd in den Arm, streichelten sie und versuchten, so gut sie konnten, Abschied zu nehmen von einem Wesen, das sie nun niemals richtig kennen lernen durften.

Die Frau gab sich in den folgenden Monaten einer stillen Trauer hin. Wie sie sagte, konnte sie gar nicht mehr richtig weinen. Sie hatte das Gefühl, all ihre Tränen schon während der Schwangerschaft vergossen zu haben. Der Arzt gab ihr Schlaf- und Beruhigungsmittel und so lebte sie in dieser Zeit, wie in einem Nebel. Sie zog sich immer mehr zurück und erwartete ein ähnliches Verhalten von ihrem Partner.

Der Mann jedoch zeigte vom Tag der Beerdigung an keinerlei sichtbare Regungen der Trauer. Nacht für Nacht zog er mit seinen Freunden durch Kneipen und Clubs, er trank, nahm Drogen und, wenn seine Frau versuchte, ihn zur Rede zu stellen, verließ er wortlos die Wohnung und kam erst Stunden später zurück.

Er fand keinen Ausdruck und keine Worte für das, was er empfand und war im Grunde auf der Flucht vor seinem Schmerz.

Der Blick auf die beiden Horoskope zeigte bei ihr eine starke Neptunbetonung (Sonne, Mond und Venus in den Fischen) und bei ihm eine herausragende Stellung im Wassermann (AC, Sonne, Mars, Merkur im Wassermann und Uranus gradgenau auf dem MC).

Beispielhoroskop: Frau

Trauer hat viele Gesichter

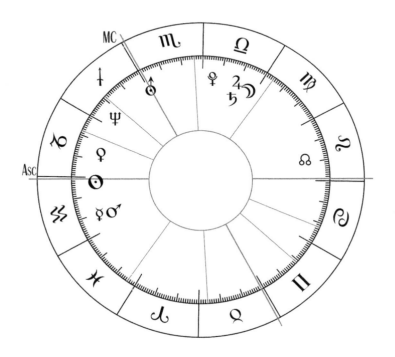

Beispielhoroskop: Mann

Diese Konstellationen alleine zeigen schon, dass es sich hier um ein Paar handelte, dass mit sehr unterschiedlichen Temperamenten gesegnet war. Die Krise, die durch den Verlust des Kindes verursacht wurde, brachte es noch einmal mit dramatischer Deutlichkeit zu Tage. Während sie dachte, der Mann wäre erleichtert, ja fast froh darüber, dass er seine Freiheiten nicht aufgeben müsse, um Verantwortung für die gemeinsame Tochter zu übernehmen, machte ihm ihre stille Traurigkeit Angst. Er befürchtete, sie würde ihn mit sich in ein tiefes Loch der Depression ziehen, aus dem es keinen Ausweg mehr gäbe. Außerdem litt er darunter, dass die Familie, vor allem seine Schwiegermutter, scheinbar nur den Schmerz und die Trauer der jungen Ehefrau sahen. Jeder, so empfand er, gab ihm das Gefühl, er könne als Mann gar nicht so tief trauern, schließlich habe er das Kind ja nicht in sich getragen und geboren. Am Ende war er sich selbst nicht mehr darüber im Klaren, was oder wie er fühlte und seine eigene Trauer erschien ihm, wie eine Rolle, die er spielte.

Keiner von beiden war mehr in der Lage, die Situation des anderen zu verstehen.

Trotzdem es in den astrologischen Sitzungen gelang, das gegenseitige Verständnis zu vermitteln und zu erklären, dass jeder von ihnen seinen eigenen Umgang und seinen eigenen Rhythmus der Trauer hatte, war es am Ende nicht möglich, die Beziehung zu retten.

Die Unterschiede in den beiden Persönlichkeiten waren zu groß und für die Frau war es, wie sie mir sagte, trotz des intellektuellen Verstehens, nicht möglich,

Trauer hat viele Gesichter

sein Verhalten auch auf einer emotionalen Ebene zu akzeptieren.

So trennten die Beiden sich knapp eineinhalb Jahre nach dem Tod ihres gemeinsamen Kindes.

Tatsächlich schien es so, als ob sich der Mann erst nach der Trennung von seiner Frau der Trauer um das verlorene Kind stellen konnte.

Er ließ sich längere Zeit von seinem Job befreien und zog monatelang alleine als Backpacker durch Asien und Australien. Diese Zeit des ›Sich-Herausnehmens‹ und der Einsamkeit brachte ihn mit seinen bislang nicht wahrgenommenen Empfindungen in Kontakt. Es war, wie er selbst sagte, die schwerste und tiefste Zeit in seinem Leben, in der er nicht nur sich selbst fand, sondern auch gezwungen war, sich endlich seinen Gefühlen und Ängsten zu stellen. Aber es hat sich gelohnt. In dieser Zeit hat er zu seiner wahren Trauer gefunden und diese ist nun, da er wieder ein neues Leben begonnen hat, fester Bestandteil seiner Erinnerungen. Es gibt nichts mehr zu verleugnen und nichts mehr, wovor er fliehen müsste.

Beide leben heute wieder in neuen Beziehungen, sind aber gute Freunde geworden. Der gemeinsame Verlust ihres Kindes wirkt verbindend und hat für sie einen unverrückbaren Platz in ihrer beider Leben gefunden.

Uranus bringt immer eine Energie der Veränderung in unser Leben. Menschen mit starker Uranusbetonung im Horoskop möchten sich nichts aufzwingen oder vorschreiben lassen. Das ausgeprägte Bedürfnis nach Freiheit und Selbstbestimmung und die oft tiefsitzende Angst vor Übergriffen sorgen dafür, dass sie sich in keine Schublade stecken lassen und veranlassen sie zu unberechenbaren, unorthodoxen Verhaltensweisen. Ein Uranier wird immer auf die eine oder andere Art anders reagieren, als man es von ihm erwartet. Es ist im Grunde gerade so, als hätte er ganz feine Instinkte oder Antennen, die ihn auf die geringsten Anforderungen von außen mit völlig gegensätzlichen oder widersprüchlichen Gebaren reagieren lassen.

Was im alltäglichen Lebensablauf gilt, gilt natürlich auch in Zeiten der Trauer.

Wessen Horoskop von Uranus bestimmt wird, empfindet Trauer vielleicht auch als eine Art Einschränkung, etwas, das ihm eine - wenn auch nur für einen gewissen Zeitraum - bestimmte Lebensrichtung aufzwingt.

Trauer und Verlust fordern uns zum Stillstand und zum Innehalten auf. Etwas ist geschehen, das es nicht mehr zulässt, im gewohnten Tempo weiterzumachen. Ein Zustand, mit dem ein uranisch betonter Mensch denkbar schlecht zurechtkommt, weil es ihm die Kontrolle und die Entscheidungsfreiheit über seine Handlungen entzieht.

Die Ursache hierfür mag darin liegen, dass bereits in der Kindheit Gefühle und Zuwendungen von Bezugspersonen als nicht dauerhaft und zuverlässig erlebt wurden. Deshalb führt ein uranischer Mensch lieber für andere überraschende Veränderungen durch, um sich den Eindruck zu erhalten, die Situation wenigstens bis zu einem gewissen Grad selbst kontrollieren zu können. Aus unsicheren Situationen bricht er lieber aus, als sich den Entscheidungen und Reaktionen auszusetzen, die durch andere bestimmt sind.

Wenn wir in der Beratungssituation versuchen, ihm einen Rhythmus, eine Zeitspanne oder vielleicht auch nur eine Verhaltensregel für seine Trauer anzuraten, werden wir mit starker Gegenwehr zu rechnen haben.

Wenn Uranus im Spiel ist, geht es auch oft um Unruhe oder Angstzustände. Die Betreffenden sind getrieben von einer inneren Nervosität, die man ihnen im Außen jedoch oft gar nicht ansieht.

Hinzukommt, dass bei uranisch betonten Menschen Krisen und Umbrüche häufig sehr plötzlich und völlig unvorbereitet auftauchen. Sie haben also meist gar keine Zeit, sich auf etwas einzustellen - und wenn doch, fliehen sie häufig lieber vor der Erkenntnis, als dass sie sich einem Prozess des ›Sich-Einlassens‹ stellen.

Je weniger Einschränkung, soziale oder gesellschaftliche Erwartungshaltungen ein uranischer Mensch erfüllen muss, umso leichter wird er sich mit den Gegebenheiten aussöhnen, auch, wenn sein Verhalten nicht unseren Vorstellungen von Trauer entsprechen mag.

Ein Uranier ist in der Lage, den Verlust oder den Auslöser seiner Trauer oder seines Schmerzes intellektuell zu verstehen. Er wird das Geschehene als das beschreiben, was es ist und genau das wirkt auf Gefühlsmenschen häufig kühl und abwertend. Er wird häufig spirituelle oder intellektuelle Erklärungen liefern, die seiner inneren Distanz die nötige Basis geben und er wird vielleicht lachen, dort wo andere weinen. Aber auch das ist Ausdruck von Trauer.

Im positiven Sinne ist ein uranischer Mensch mehr als jeder andere in der Lage, den Blick wieder nach vorne zu richten, sich neue Ziele zu setzen, sein Leben zu reformieren und neu zu gestalten. Er ist, wie kaum ein anderer, fähig, sein Leben von Grund auf zu erneuern, weil er die nötige Flexibilität besitzt, sich auf veränderte Umstände einzustellen.

1.4.3 Neptun

Der amerikanische Astrologe Howard Sasportas schrieb über Neptun: »*Er (Neptun) verkörpert den Drang, uns zu verlieren und die Grenzen unseres isolierten Ichs (Ego) aufzulösen oder zu überschreiten. Bevor wir begreifen können, was es bedeutet, das Ego aufzulösen oder zu überschreiten, müssen wir uns in Erinnerung rufen, was mit Ego gemeint ist.*« [1]

Dies drückt im Grunde das gesamte innerseelische Chaos aus, in dem sich ein neptun-betonter Mensch befindet. Die Auflösung unseres Egos mag das Endziel unserer irdischen Reise sein. Auf dem Weg dorthin befinden wir uns jedoch auf einer ständigen Suche nach uns selbst. Und genau das macht die Schwierigkeit eines Neptuniers aus. Wer oder Was ist dieses ›Ich‹? Wo ist die Grenze zwischen ihm und der Welt?

Neptun-Menschen haben oft Schwierigkeiten den Schmerz und das Leid ihrer Umgebung vom eigenen Empfinden zu trennen. Nach einer Verlustsituation brauchen sie vielleicht länger als andere, um Projektionen zurückzunehmen und wieder zu sich selbst. Wobei gerade dieses ›Zu-sich-selbst-Zurückfinden‹ für sie bedeuten mag, eine neue Projektionsfläche zu finden, auf die sie ihre Sehnsucht wieder übertragen können.

---

[1] Howard Sasportas »Uranus, Neptun, Pluto im Transit« Knaur, München 1991

Auf dem Weg dorthin versuchen sie möglicherweise, vor dem Schmerz zu fliehen, auszuweichen oder zu verdrängen, was geschehen ist. Neptunier sind anfällig für Ängste jeder Art. Der Tod eines anderen bringt sie vielleicht auch mit der eigenen Angst vor dem Sterben in Berührung, weil sie sich doch gar nicht wirklich vom anderen trennen können. Was dem anderen geschieht, geschieht ihnen selbst. Die Grenzen sind fließend.

Suchtmittel mögen nicht nur in Krisenzeiten eine starke Anziehung auf sie ausüben. Um die Grenzen zwischen sich und der Welt - und vor allem dem damit verbundenen Leid - aufzulösen, mögen sie sich mit der einen oder anderen Flasche Wein oder Wodka trösten, nach Drogen oder Medikamenten greifen. Betäubung erscheint ihnen oft der einzige Weg, im Umgang mit dem eigenen Kummer. Sie wollen fliehen vor der grausamen Wirklichkeit und einfach nur vergessen. Sie verlieren sich in Illusionen und Selbstbetrug. Diese Verhaltensweisen zeigen sich häufig, wenn Neptun Spannungsaspekte zu den persönlichen Planeten aufweist - insbesondere bei Sonne- oder Mars-Quadraten.

Sehnsucht ist die ewige Triebfeder Neptuns. Dies kann die Sehnsucht nach einem höheren Ziel sein, aber auch die Sehnsucht nach einem verlorenen, geliebten Menschen. Je unerreichbarer, desto größer die Sehnsucht. Sie kann also leicht zum Selbstzweck und damit

Trauer hat viele Gesichter

zu einer Art Sucht im Leben eines Neptun-Menschen werden.

Alles, was ihn umgibt, kann für einen Neptunier zur Sucht werden, so auch die Trauer. Er unterliegt, wie kein anderer, der Gefahr sich darin zu verlieren und seine Lebensgrundlagen aufs Spiel zu setzen.

Während die einen zu tief eintauchen in den Ozean der Gefühle, verschließen sich die anderen vor jeglichen Empfindungen. Sie betäuben sich selbst. In ihrer Trauer mögen sie sich vorkommen, wie in einer Wolke aus Nebel, fühlen sich leer, ausgebrannt, verloren oder aber, sie sind sich ihrer Trauer gar nicht bewusst und verfallen in völlige Gefühllosigkeit und Apathie. Dies mag der tiefste und schwierigste Punkt der neptunischen Empfindungsebene sein. Zurückzufinden zur Trauer ist sicherlich eine große Herausforderung und ein schwieriger Prozess.

Ist diese Trauer jedoch erst einmal einem inneren Sehnen gewichen, mag dies der erste Schritt zur Heilung sein.

Hat sich ein Neptunier seiner Trauer gestellt, hat sie durchlebt und ist bereit, Projektionen zurückzunehmen, auch wenn dieser Prozess oft Jahre dauern kann, hilft es, seinen Blick wieder auf neue Horizonte zu richten. Neue Ideen von übergeordneten Zielen und nicht zuletzt neues Verlangen danach, der Welt etwas zu geben, bringen für ihn wieder entsprechende Lebensinhalte zurück.

Für ihn sind sicherlich Kreativität und Inspiration wichtige Wege aus der Krise. Er muss seine Visionen leben und um diese zu entwickeln, muss er bereit sein, sich auf eine Suche zu machen. Seine Werkzeuge und Hilfsmittel sind dabei jegliche Form der kreativen oder künstlerischen Betätigung. Malen, Schreiben, Dichten oder Schauspiel helfen ihm, neue Projektionen zu finden, Gefühle auszudrücken und seine Visionen zu verwirklichen.

1. Fallbeispiel Neptun

Bertha Pappenheim, geb. 27.02.1859, wurde als Frauenrechtlerin und Begründerin des jüdischen Frauenbundes berühmt. Weniger bekannt ist die Tatsache, dass sie die hinter dem Pseudonym ›Anna O.‹ stehende Patientin war, über die Josef Breuer und Siegmund Freud ihre »Studien zur Hysterie« veröffentlichten.

Trauer hat viele Gesichter

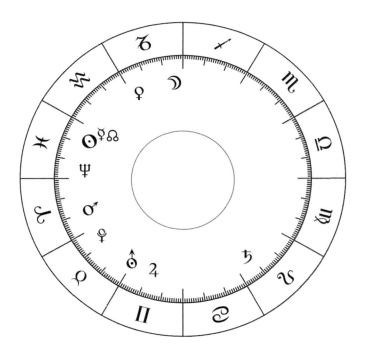

Horoskop B. Pappenheim, Geburtszeit unbekannt

Pappenheim hatte während der Nachtwachen am Bett ihres todkranken Vaters Halluzinationen und Angstzustände entwickelt. Als weitere Trauerreaktion stellten sich Aphasien, Neuralgien, Paresen und Sehstörungen ein, aufgrund derer sie sich in die Behandlung von Dr. Breuer begab.

Freud deutete an verschiedenen Stellen, u.a. auch in einem Brief aus dem Jahre 1883, ein intimes Verhältnis zwischen Breuer und seiner Patientin an. Nachweislich verbrachte die beiden in einem Zeitraum von ca. eineinhalb Jahren mehr als 1000 Therapiestunden - vornehmlich in der Abendzeit - miteinander.

In der Literatur ist die vermutete Romanze zwischen Breuer und Pappenheim als *Geschichte einer unmöglichen Liebe*[1] überliefert.

In der gemeinsamen Arbeit zeigt sich jedoch auch Breuers therapeutischer Ansatz. Während Freud ihr zunehmenden Realitätsverlust bescheinigte, erkannte Breuer ihre »*überfließende geistige Vitalität*« und sah in ihrem poetischen Talent (Sonne, Merkur, NMK, Neptun in den Fischen), im Gegensatz zu seinem Kollegen, nicht nur das Einfallstor für ihre Krankheit, sondern auch den Ausweg zu einer möglichen Heilung. In den gemeinsamen Therapiesitzungen ermunterte er sie Märchen und Geschichten, »*traurig, teilweise hübsch, in der Art Andersens Bilderbuch ohne Bilder*«[2], zu erzählen, um sich von ihrer seelischen Last zu befreien. Er bestärkte sie also darin, über ihre neptunischen

---

[1] Andreas Kraß »Meerjungfrauen«, S. 371, S. Fischer, Frankfurt, 2010

[2] Freud, »Gesammelte Werke«, Nachtragswerk, Breuer, Beobachtung I, S. 228

Trauer hat viele Gesichter

Fähigkeiten - das Erzählen von Märchen - zurück zu ihrer seelischen Identität zu finden.

Ehe diese Behandlung jedoch zu einem dauerhaften Erfolg führen konnte, kam es zu einem Eklat. Breuers Ehefrau unternahm, vermutlich aus Eifersucht auf Bertha Pappenheim, einen Selbstmordversuch. Die Behandlung wurde abgebrochen. Obwohl Dr. Breuer ihr in seinem abschließenden Krankenbericht »*vollständige Gesundheit*« bescheinigte, erlitt sie einen Rückfall. Freud sprach in seinen Unterlagen von einer »*eingebildeten Schwangerschaft*« und »*Hysterie*«.

Bertha Pappenheim zog zurück zu ihrer Mutter. Biografisch ist über die folgende Zeit wenig überliefert. Im Jahre 1888 veröffentlichte sie jedoch einen Märchenband »*Kleine Geschichten für Kinder*«, in dem sich u.a. ›*Die Weihernixe*‹, eine freie Bearbeitung der ›*Kleinen Meerjungfrau*‹ von Hans Christian Andersen befand.

Wie Andersen auch, verarbeitete Pappenheim in ihrem Märchen die Trauer über das eigene Erleben, indem sie ihre innere Sehnsucht und ihren Schmerz auf eine Wassernixe/Meerjungfrau übertrug.

Obwohl sie diese Märchen als Kindergeschichten publizierte, erscheint gerade die ›Weihernixe‹ aus heutiger Sicht als psychoanalytische Metapher. Sie beschreibt darin folgendes Erscheinungsbild eines Mannes:

»Er war ein großer, schöner Mann; ein langer Bart umrahmte sein Gesicht und tief dunkelblaue Augen sprachen aus demselben von Liebe und Güte.«[1]

Sie sieht in ihrem Märchenhelden eine Vaterfigur, die äußerlich ihrem ehemaligen Arzt, Dr. Breuer nachgebildet ist. Auf diese Art greift sie für sich selbst noch einmal ihre individuellen Hilfsmittel zur seelischen Heilung auf und verarbeitet sowohl den tragischen Verlust des Vaters als auch die schmerzhafte Trennung von Breuer in einem selbst geschriebenen Märchen.

Andreas Kraß schreibt über Bertha Pappenheim in seinem Buch ›Meerjungfrau‹, Kapitel VII ›Fischfrau und Sündenbock‹: *»Bertha Pappenheim erhebt in ihrem Märchen die Stimme, die sie als ›Anna O.‹[2] verloren hatte. Sie ist nicht mehr die Hysterikerin, über die man redet, sondern eine Schriftstellerin, die selbst das Wort ergreift ... Wie es scheint, hat sie nicht nur den Begriff, sondern auch das Konzept des ›talking cure‹[3] erfunden.«[4]*

In seinem Schlusssatz erhebt er sie zur Scheherezade der Psychoanalyse.

---

[1] Bertha Pappenheim, Gesammelte Werke - ebook
[2] So ihr Patientensynonym in den Studien Freuds und Breuers.
[3] ›Sprechkur‹ = Psychoanalyse
[4] Andreas Kraß »Meerjungfrauen«, S. Fischer, Frankfurt, 2010

Trauer hat viele Gesichter

Unendliche und unerfüllte Sehnsucht nach einem anderen Leben scheint jedoch in der tragischen Natur von Nixen und Meerjungfrauen zu liegen und so ließ auch Bertha Pappenheim eine innere Traurigkeit ihr Leben lang nicht los (Mond, Venus, Lilith im Steinbock). In einem ihrer Gedichte aus der Zeit 1910 - 1920 schrieb sie:

Mir ward die Liebe nicht -
Drum leb´ ich wie die Pflanze,
Im Keller ohne Licht.

Mir ward die Liebe nicht
Drum tön´ ich wie die Geige,
der man den Bogen bricht.

Mir ward die Liebe nicht
Drum wühl´ ich mich in Arbeit
und leb´ mich wund an Pflicht.

Mir ward die Liebe nicht -
Drum denk´ ich gern des Todes,
als freundliches Gesicht.

Kunst und Kreativität erscheinen für einen Neptunier also die probatesten Mittel zur Bewältigung von Trauer und Schmerz zu sein. Künstlerische Begabungen sind sowohl Ventil, als auch ein Stück weit notwendiger Antrieb, ihre innersten Empfindungen nach außen zu bringen, um sich - zumindest ansatzweise - ein wenig davon zu distanzieren und wieder zu einem objektiven Standpunkt zu finden.

Weniger Kunstbegabte finden oft Trost in sozialen Aufgaben. Auch, wenn viele sich gerade aufgrund ihrer Dünnhäutigkeit in diesen Aufgaben verlieren und immer die Gefahr einer Sucht besteht, brauchen Neptun-Menschen die Möglichkeit in einem größeren, grenzüberschreitenden Sinne zu handeln.

Das Leid der Welt zu lindern, hilft ihnen, den eigenen Schmerz zu vergessen und am Ende wieder zurückzufinden zu einem lebensstärkenden und lebensbejahendem Urvertrauen.

Denn, wie kein anderer kann ein Neptunier Vertrauen in eine göttliche Allmacht entwickeln und in die innere Überzeugung, das alles im Leben seinen Sinn und seinen Platz hat. Er versteht in seiner tiefsten Seele, dass Loslassen nur eine Stufe ist, die am Ende zur kosmischen Einheit und damit zur Auflösung des Egos führt. Niemand geht in dieser Einheit verloren; nicht die Seelen, die wir lieben und auch nicht wir selbst.

Trauer hat viele Gesichter

2. Fallbeispiel Neptun

Ein anschauliches Beispiel dafür, wie Trauerprozesse während eines Neptuntransites aussehen können, ist die Geschichte meiner Klientin Louise. In ihrem Erleben zeigt sich ein anderer Aspekt Neptuns, nämlich der des Verdrängens und Vergessens.

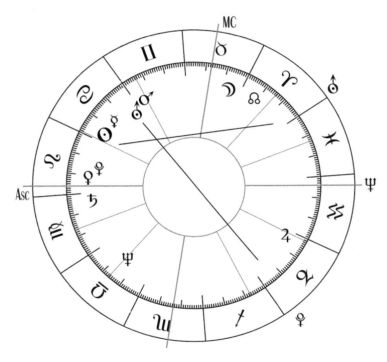

Horoskop Louise

Louise war Sozialpädagogin und leitete die Beratungsstelle einer psychosozialen Einrichtung für chronisch Kranke.

Während Neptun das 6. Haus ihres Horoskopes transistierte, kam es zu einigen Zwischenfällen und Unklarheiten im personellen und organisatorischen Bereich, an deren genaue Auswirkungen Louise sich später nicht mehr genau erinnern konnte.

Als Neptun exakt auf dem DC stand, entzog man ihr, für sie völlig unverständlich, die alleinige Leitung der Dienststelle und stellte eine Co-Leiterin ein. Louise fühlte sich gemobbt. Sie musste ihr großes Büro abtreten und in eine kleine Kammer umziehen. Alleinige Entscheidungen durfte sie von diesem Zeitpunkt an nicht mehr treffen. Das Horoskop zeigte zeitgleich ein Uranus-Sonne-Trigon von 8 nach 11 und eine Pluto-Uranus-Opposition von 5 nach 11 an, welche die Plötzlichkeit der Ereignisse symbolisiert, während Neptun durch sein Aufsteigen über die AC-DC-Achse die innerseelischen Erfahrungen an den Tag brachte, die lange Jahre verdrängt waren.

Der Auslöser für Louise, etwas zu unternehmen, waren plötzliche Schwindel- und Panikattacken. Eine Untersuchung führte zu der Diagnose Bandscheibenprolabs der HWS.

Die Kur, die sie auf Anraten ihres Hausarztes beantragt hatte, wurde abgelehnt. Louise war völlig desillu-

Trauer hat viele Gesichter

sioniert, da ihr, wie sie sagte, zum ersten Mal im Leben die Dinge entglitten. Sie hatte bisher immer in der absoluten Überzeugung gelebt, sie wäre bei Kollegen und Vorgesetzten beliebt und gerade im Umgang mit Gesundheitseinrichtungen und Behörden geschult und erfahren, so dass sie niemals mit einer solchen Behandlung gerechnet hätte.

Sie legte Einspruch gegen den Ablehnungsbescheid ein, woraufhin ihr der Amtsarzt, an den man sie zur Überprüfung verwies, unmissverständlich erklärte, wenn keine Suizidgefahr vorläge, könne sie in ihrem Alter (Louise war damals gerade 60 Jahre alt) nicht mehr mit einer Kur rechnen. Man würde ihr dringend empfehlen, in den vorgezogenen Ruhestand zu gehen.

Da dies auch im Sinne von Louises Dienststelle war, wurde der Druck, ihre Stelle zu räumen, von allen Seiten erhöht.

Louise sah sich isoliert und alleine gelassen. Sie hatte sich viele Jahre mit ihrer Arbeit im sozialen Bereich identifiziert. Sie war seit 35 Jahren verheiratet, hatte 2 Kinder groß gezogen und hatte, nachdem diese ihre Schulen beendet hatten, über diverse Aus- und Fortbildungen sehr hart für ihre Karriere gearbeitet. Fast 20 Jahre fühlte sie sich der Organisation familiär verbunden, leistete viele Überstunden und organisierte in ihrer Freizeit Ausflüge und Feste für ihre Patienten. Sie tat dies gerne, zumal auch ihr Mann im Außendienst, vornehmlich im Ausland, tätig war und nur wenig Zeit zuhause mit Frau und Kindern verbrachte.

Jetzt erhoffte sie sich Zuwendung und Unterstützung von ihm. Aber diese Hoffnung zerschlug sich jäh.

Als sie mit ihrem Mann über die Möglichkeiten einer vorgezogenen Pensionierung sprechen wollte, eröffnete er ihr, dass er schon seit längerer Zeit eine Beziehung zu einer anderen Frau unterhielt und die beiden sich eine gemeinsame Zukunft in den USA aufbauen wollten. In diesem Gespräch erfuhr sie auch, dass er in all den Jahren ihrer Ehe immer wieder kurzfristige Affären auf seinen Reisen hatte (Venus/Pluto in 12).

Louises gesamtes Leben fiel in diesem Moment, wie ein Kartenhaus in sich zusammen.

Ihre Reaktion darauf war eine typisch neptunische. Mehr als 2 Jahre verweigerte sie eisern jegliche Akzeptanz der Realität. Sie leugnete die Schwierigkeiten im Arbeitsumfeld genauso, wie sie die Trennungsabsichten ihres Mannes ignorierte. Sogar, als er schon zu seiner Geliebten nach Seattle gezogen war, erzählte sie im Freundeskreis und in der Nachbarschaft, er wäre nur auf einer längerfristigen Geschäftsreise.

Die gemeinsamen Bekannten wussten jedoch um die tatsächlichen Geschehnisse, genauso, wie die Menschen in ihrem Arbeitsumfeld um ihre Probleme wussten. Louise glaubte jedoch immer noch fest daran, dass

__Trauer hat viele Gesichter__

sie die Macht hätte, ein ihrer Vorstellung entsprechendes Bild der Realität zu zeichnen, auch, als sich Freunde und Bekannte immer mehr von ihr zurückzogen. Sie berief sich auf Wahrsagerinnen und Engelmedien, die ihr allesamt bestätigten, dass ihr Mann nur eine »vorübergehende Blockade« hätte und niemals daran dächte, die Beziehung aufzugeben.

Die Akzeptanz all der Schicksalsschläge, die Louise nun hinnehmen musste, erschien ihr so schwer, dass sie sich nicht anders helfen konnte, als sich in Illusionen und Wunschvorstellungen zu flüchten.

Als jedoch Transit-Saturn auf ihrem Radix-Neptun stand, schienen sich die Dinge nach und nach zu verändern. Sie konnte sich nicht mehr gegen die Realität wehren, die Erkenntnis dessen, was geschehen war und immer noch geschah, trat immer deutlicher in ihr Bewusstsein. Erst jetzt begann für Louise eine Zeit, in der sie sich der Trauer über die Geschehnisse stellen konnte.

Eines Tages erlitt sie während einer Geschäftsbesprechung einen Schwächeanfall und wurde per Notarzt in eine Klinik gebracht. Der dortige Arzt riet ihr dringend zu einer psychosomatischen Behandlung.

Nun lernte Louise, zum ersten Mal in ihrem Leben, die Ursachen ihrer Beschwerden von einer ganzheitlichen Sicht aus zu betrachten.

Über die Arbeit in den gemeinsamen astrologischen Sitzungen erkannte sie auch die Zusammenhänge zwischen den derzeitigen Krisen und ihren frühkindlichen Prägungen.

Im Grunde hatte sie immer geahnt, dass sie bei den Kollegen nicht so beliebt war, wie sie sich das gewünscht hätte und auch die Affären ihres Mannes waren nicht wirklich unbemerkt von ihr geblieben. Aber sie hatte Angst vor den Konsequenzen.

Bereits als Kind hatte sie darunter gelitten, dass man sie innerhalb der Familie - hauptsächlich von Seiten des Vaters - nicht wahrnahm. Wenn sie sprach, wurde sie nicht gehört oder zum Schweigen aufgefordert (Neptun an der Spitze des 3. Hauses, Venus als Herrscherin des 3. Hauses in 12). Diese Erfahrungen hatten sie für ihre späteren Verhaltensweisen im sozialen Kontext und in ihrer Beziehung geprägt. So hielt sie immer still und tat so, als würde sie nichts bemerken.

Die drohenden Verluste des Arbeitsplatzes und der Beziehung lösten in ihr also nicht nur durch die aktuelle Situation Angst und tiefe Trauer über das Ende gewohnter Lebensumstände aus, sie brachten zugleich auch die Erinnerung an die nicht verarbeitete Trauer über die erlittenen Verletzungen aus der Kindheit mit sich. Nun erkannte sie auch, dass ihr Mann im Grunde ihr gegenüber genauso illoyal gehandelt hatte, wie ihr Vater.

Trauer hat viele Gesichter

Erst als Louise sich dieser Zusammenhänge bewusst wurde und bereit war, diese alte Trauer loszulassen, konnte sie sich aktiv den anstehenden Entscheidungen stellen.

Inzwischen sind einige Jahre vergangen. Louise ist pensioniert und Oma einer Enkeltochter, die sie über alles liebt. Obwohl sie, wie sie sagte, eigentlich nie in der Rolle der Großmutter aufgehen wollte, verbringt sie viel Zeit mit dem Familienzuwachs. Sie ist Mitglied in verschiedenen Vereinen, singt in einem Chor und hat ein ausgefülltes Privatleben. Darüber hinaus engagiert sie sich in der Nachbarschaftshilfe ihre Kirchengemeinde.

Als Neptun in einem Sextilaspekt zu ihrem Radixmond stand, lernte sie auch wieder einen neuen Partner kennen, mit dem sie heute eine sehr gereifte Beziehung führt, in der sie sich nun ihrer eigenen Bedürfnisse bewusst ist und auch dafür einsteht.

1.4.4 Pluto

Pluto ist der Herrscherplanet des 8. Haus, das in der klassischen Astrologie auch als das Haus des Todes bezeichnet wird. Er symbolisiert die grundlegenden Transformationsprozesse des Lebens. Pluto lebt in und von der Tiefe. Jedoch können wir daraus nicht den Schluss ziehen, dass Menschen mit starker Pluto-Stellung im Horoskop auch zugleich Menschen sind, die mit ihrer Trauer und ihren Verlusten konstruktiv umzugehen gelernt haben. Vielmehr ist dies gerade für viele von ihnen ein ständiger Lernprozess.

Das tiefe, innere Wissen, dass der Tod unweigerlich zum Leben gehört, bewahrt nicht davor, sich gegen die mit ihm in Zusammenhang stehenden Erfahrungen mit aller Kraft zu wehren. Denn schließlich ist Pluto auch der Planet von Macht und Ohnmacht und wer würde uns denn unsere eigene Machtlosigkeit mehr vor Augen führen, als der Tod? Außerdem ist Skorpion ein fixes Zeichen und in diesen geht es nun einmal darum, zu bewahren und festzuhalten, was ist. Insofern führen viele plutonisch veranlagte Menschen einen, wenn auch aussichtslosen, so doch immerwährenden Kampf gegen jegliche Prozesse der Vergänglichkeit.

Trauer hat viele Gesichter

Verlust kann für sie gleichbedeutend sein mit einer persönlichen Niederlage und sie werden all ihre Kräfte einsetzen, um diese nicht hinnehmen zu müssen.

Das Märchen ›Der Teufel mit den 3 goldenen Haaren‹[1] schildert den Kampf eines Königs um den Erhalt seines Throns. Der prophezeite Schwiegersohn wird als existenzielle Bedrohung seiner Regentschaft angesehen und der alte Herrscher versucht, mit allen ihm zur Verfügung stehenden Mitteln, den Märchenhelden aus dem Weg zu räumen. Natürlich gelingt das nicht und am Ende muss der König einen hohen Preis dafür bezahlen, dass er nicht bereit ist, loszulassen im Sinne einer lebendigen Weiterentwicklung.

Einverstanden sein mit dem Wandel der Dinge, dem Werden und Vergehen, ist eine große Aufgabe für Menschen mit starker Plutobetonung. Denn gerade sie besitzen oft genau diesen Widerstand, diese innere Abwehr gegen Veränderung, weil sie sich nicht mit der Kraft des Wandels, sondern mit der Macht des Seins identifizieren.

---

[1] »Der Teufel mit den 3 goldenen Haaren« Grimms Haus- und Kindermärchen Gesamtausgabe München, 1997

Trauer und Verlust bringen daher oft das Gefühl des Ausgeliefertseins mit sich und rufen tiefe emotionale Reaktionen hervor. Zorn, Wut und Hass - die gesamte Bandbreite unserer negativen Gefühlswelt bahnt sich in Krisenzeiten ihren Weg und sucht nach einem entsprechenden Ziel.

In diesen Phasen möchten oder müssen Plutonier etwas oder jemanden zerstören, sie brauchen Schuldige für ihre Emotionen – auch, wenn am Ende sie selbst es sind, die sie strafen. Ihre Trauer kann aus Hass und Ablehnung bestehen und aus der totalen Verweigerung des Trauerns als solches. Lieber hassen sie den Verstorbenen, als sich dem Schmerz des Verlustes zu stellen.

Fallbeispiel Pluto
Ich erinnere mich an Gaby, eine Klientin, die vor vielen Jahren zu mir kam. Ihre Radix zeigt einen Skorpion-Aszendent, Sonne, Neptun und Venus im Skorpion im 12. Haus, Lilith und Mars ebenfalls im Skorpion im 1. Haus.

Trauer hat viele Gesichter

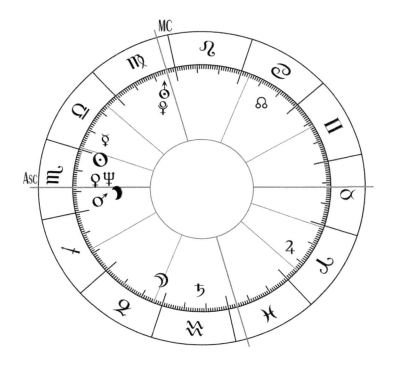

Horoskop: Gaby

Als Gaby zum ersten Mal zu mir kam, lebte sie gerade in Trennung von ihrem Mann, mit dem sie über 20 Jahre verheiratet war. Aus der Ehe sind 2 Kinder hervorgegangen, die zum Zeitpunkt der Trennung 14 und 16 Jahre alt waren.

Die Loslösung vom Partner hatte sie sehr viel Kraft und Energie gekostet. Es dauerte lange, bis sie sich selbst dazu durchringen konnte, ihm ihren Wunsch, die Beziehung zu beenden, mitzuteilen. Einige Jahre verbrachte sie in der stillen Hoffnung, der Trennungswunsch möge von ihm ausgehen. Sie litt still vor sich hin und versuchte ihren Mann durch destruktive Verhaltensweisen dahingehend zu manipulieren, dass er eine Entscheidung treffen sollte. Als sie schließlich einsehen musste, dass das nie geschehen würde, da für ihn das gemeinsame Familienleben genau das war, was er sich immer gewünscht hatte, reichte sie doch selbst die Scheidung ein. Er setzte sich mit allen Mitteln dagegen zur Wehr, versuchte die Schwiegereltern und sogar die eigenen Kinder auf seine Seite zu ziehen. Es entbrannte ein jahrelanger Rosenkrieg zwischen den beiden.

Endlich aber war er soweit, Gabys Entscheidung zu akzeptieren. So massiv er sich zunächst gegen die Scheidung gewehrt hatte, so schnell und drastisch vollzog er nun die Trennung. Er stellte einen Versetzungsantrag bei seiner Firma, zog aus dem gemeinsamen Haus aus und übersiedelte in eine andere Stadt. Gaby fühlte sich zunächst erleichtert. Sie war endlich und zum ersten Mal in ihrem Leben frei.

Einige Tage nach seinem Umzug jedoch erlitt er an seiner neuen Arbeitsstelle einen plötzlichen Herztod.

Trauer hat viele Gesichter

Der Schock war groß.

Natürlich hegte meine Klientin uneingestandene Schuldgefühle, die sich jedoch bei ihr in ungewöhnlich heftigen Wutausbrüchen äußerten. Nach der Beerdigung, blieb sie am Grab zurück, beschimpfte ihren toten Mann, warf ihm jede Ungerechtigkeit während ihrer Beziehung vor und spuckte abschließend, zum Entsetzen der noch anwesenden Trauergäste, auf den Sarg.

Diese Rage blieb aber auch noch monatelang nach der Beerdigung fester Bestandteil ihres Gefühlslebens. Wie sie mir in einer Sitzung erzählte, galt ihr erster Gedanke am Morgen und ihr letzter am Abend den Hassgefühlen, die sie gegen ihren toten Exmann hegte. Sie stellte ein Foto von ihm auf die Kommode und es wurde fast ein Ritual daraus, es jeden Tag aufs Neue zu beschimpfen.

Sicherlich war diese nach außen gerichtete, plutonische Wut ihres Skorpion-Marses auch ein Versuch, sich vor den inneren Schuldgefühlen ihres Steinbock-Mondes zu schützen.

Auf meine Frage, was denn die Wut ausmache, die sie verspüre, antwortete sie: *»Er hat das mit Absicht getan! Er wollte, dass ich mich schuldig fühle, nur weil er gestorben ist. Das war seine Rache an mir und ich hasse ihn jetzt noch viel mehr!«*

Wie können wir einen plutonisch veranlagten Menschen, der mit aller Macht an derartigen Gefühlen festhält, wieder mit seiner eigentlichen Trauer in Verbindung bringen? Für meine Klientin war es sicherlich wichtig, ihre Wut erst einmal zu durchleben. Nur darüber wurde ihr als nächster Schritt bewusst, dass es die Wut über ihre eigene Hilflosigkeit war. Im Grunde waren es tatsächlich ihre inneren Schuldgefühle, die sie quälten. Sie fürchtete insgeheim, durch die Trennung seinen Tod verursacht zu haben. Und diese Angst war so groß, dass sie sich mit allen Mitteln dagegen zur Wehr setzte.

Erst über einen langen Prozess konnte sie erkennen, dass es viele Dinge waren, die sie durch seinen Tod so verletzt hatten: Lange Jahre hatte sie um ihre Freiheit gekämpft. Sie war wütend auf ihn, dass er ihr diesen Schritt so schwer gemacht hatte. Durch seinen Tod war ihr die Möglichkeit genommen, alles, was aus dieser Beziehung noch ungeklärt war, die Streitigkeiten über den gemeinsamen Besitz, der Trennung an sich, mit ihm auszutragen. Nun war sie allein und die Familie und die inzwischen fast erwachsenen Kindern machten ihr den Vorwurf, den Tod des Vaters durch die Trennung herbeigeführt zu haben.

Und nicht zuletzt, fühlte sie sich selbst schuldig und verantwortlich für die Ereignisse, sie spürte, dass sie -

Trauer hat viele Gesichter

trotz des Wunsches nach Trennung - immer noch Liebe für ihn empfand, die sie sich nicht eingestehen wollte.

Über diese Erkenntnisse fand Gaby Schritt für Schritt wieder zurück zu ihrer ursprünglichen Trauer.

Hass und Wut sind oft nichts anderes, als fehlgeleitete Liebe. Dennoch nutzt es nichts für den Aufarbeitungsprozess, gegen diese aufsteigenden Emotionen anzukämpfen. Akzeptanz ist die erste und wichtigste Grundvoraussetzung.

Für einen Plutonier gehört es mitunter auch zum Aufarbeitungsprozess zu erkennen, dass mit dem Tod sämtliche Kontrollmöglichkeiten weggefallen sind. Gaby wollte zwar nicht mehr mit ihrem Mann zusammen leben, kontrollieren wollte sie ihn aber dennoch. Der Tod hatte ihr diese Möglichkeit genommen. Die Erkenntnis darüber war schmerzhaft, denn sie zwang sie zum endgültigen Loslassen.

Erst, wenn der Zorn durchlebt ist und abgelegt werden kann, ist wieder Raum für Liebe und positive Erinnerung. Dies hat auch Gaby nach vielen Monaten des Schmerzes erkannt und sie sieht ihren verstorbenen Mann heute, als das, was er war: Ein Mensch, den sie geliebt hatte und auf eine besondere Art immer lieben wird, mit dem sie einen großen Teil ihres Lebens verbrachte und, der nicht zuletzt, der Vater ihrer Kinder war und für immer bleibt. Diese Zugehörigkeit kann auch durch noch so viel Hass nicht zerstört werden. Im

Gegenteil, er bindet stärker als Liebe. Heilung und Lösung ist erst dann möglich, wenn die negativen Gefühle durchlebt und losgelassen werden.

Plutobetonte Menschen haben mitunter ein sehr ambivalentes Verhalten zu allen Lebenskrisen. Sie lieben auf gewisse Art den Schmerz und vor allem lieben sie das Drama, weshalb sie auch die Trauer mit all ihren Tiefen ausleben müssen.

Für sie ist Trauern ein wahrer Transformationsprozess. Sie - und auch wir, als Begleiter - lernen vielleicht mehr als andere, ihre tiefsten, inneren und dunklen Seiten kennen, die sie sonst gut verborgen halten. Aber nur darüber, über die Konfrontation mit ihrer inneren Hölle, werden sie sich am Ende aussöhnen mit dem ›Stirb- und Werde‹ und erkennen, dass der Tod unweigerlich eine letzte Grenze ist, an der Kontrolle und Macht enden.

1.5 Trauer im sozialen Kontext

> »The woods are lovely, dark and deep
> but I have promises to keep
> and miles to go before I sleep
> and miles to go, before I sleep«
> Robert Frost

Dies alles sind natürlich sehr vereinfachte Darstellungen verschiedenster Arten und Formen des Trauerns und, wie wir wissen, gibt es auch gar keine ›reinen‹ Saturnier, Uranier, Neptunier und Plutonier. Wir alle reagieren mehr oder weniger stark im Sinne dieser jeweiligen Energien. In der Regel wird es eine Mischung aus mindestens zwei, wenn nicht mehr, archetypischer Verhaltensweisen sein. Allein das zeigt schon, dass die Reaktionen in der Trauer sehr unterschiedlich und durchaus auch widersprüchlich sein können. Dennoch kann die Qualität der jeweiligen Langsamläufer für uns in der Praxis einen Hinweis auf Verhaltensmuster des Trauernden geben, die im persönlichen, sozialen Umfeld wenig oder gar kein Verständnis hervorrufen.

Angehörige und Freunde können in solchen Situationen oft keine Unterstützung sein, sie gehen in ihrer Trauer von ihren eigenen Empfindungen aus und glauben in der Regel, dies wären die einzig Zulässigen. Unerwartete Reaktionen rufen in ihnen oft Angst, Entsetzen oder Ablehnung hervor, die sie in ihrer eigenen Trauer zutiefst verunsichern.

Außerdem bringt ein Trauerfall in der Familie oft alte Verletzungen wieder zum Vorschein, die zu weiteren Konflikten und Schuldzuweisungen führen. Unter Geschwistern mag eine alte Rivalität wieder aufbrechen, Gefühle von Zu-kurz-gekommen-Sein und Eifersucht, all die nicht erfüllten Erwartungen, die jetzt nicht mehr einzufordern sind und nun vor dem endgültigen Aus stehen. Auch Vorhaltungen an den überlebenden Elternteil sind keine Seltenheit. Erwachsene Kinder glauben oft, die Beziehungen ihrer Eltern beurteilen zu können. Statt Vater oder Mutter in der Trauer über den verlorenen Partner anzunehmen und zu unterstützen, verurteilen sie deren Verhaltensweisen, die sie aus ihrer subjektiven Kindperspektive glauben wahrgenommen zu haben. All die innerfamiliären Konflikte, die vielleicht jahrelang unter den Teppich gekehrt wurden, über die man nicht sprach, brechen in einer Trauerphase auf und verursachen schmerzhafte Verletzungen, wo Akzeptanz und Trost nötig wären. Wer vor dem eigenen Leid flieht, tut dies häufig, indem er anderen Schmerz zufügt.

Aber auch die nähere Umgebung, Bekannte, Kollegen oder Nachbarn haben i.d.R. eine sehr genaue Vorstellung davon, wie Trauer auszusehen hat, wie das

Trauer im sozialen Kontext

Verhalten eines Trauernden sein darf und vor allem: wie nicht.

Sie möchten im Grunde nur Eines: Dass alles ganz schnell wieder so wird, wie es war, dass es, wider besseren Wissens ›gut‹ wird und der Trauernde, genau der Mensch bleibt, der er vorher war. Aber eben das ist nicht mehr möglich. Erlittene Verluste und vor allem die daraus resultieren Trauergefühle lassen uns reifen und verändern uns nachhaltig. Unser Leben wird eines Tages wieder in gewohnten Bahnen verlaufen, neue Aufgaben und neue Lebensinhalte werden gefunden und angenommen, neue Beziehungen aufgebaut. Dieser Prozess ist jedoch nicht in Wochen, Monaten oder sogar Jahren festzulegen. Der tiefe Schmerz der Trauer weicht irgendwann einem leisen, sehnsüchtigen Vermissen. Und im besten Falle kommt der Tag, an dem wir erkennen, dass der Verlust uns genau auf den Weg gebracht hat, der für uns der Richtige war. Dem vorzugreifen macht für den Trauernden aber keinen Sinn. Im Gegenteil, er wird sich genau dadurch missverstanden, ausgrenzt und infrage gestellt fühlen.

In unserer Gesellschaft gelten im Grunde sehr konkrete Regeln darüber, wie und vor allem wie lange ein Mensch trauern darf. Dies mag manchmal eine hilfreiche Richtlinie sein, die für gegenseitiges Verständnis sorgen kann. Häufig wird dem Betroffenen jedoch zusätzlich zu seinem Schmerz eine Art Korsett verpasst, das ihn zwingt, seine wahren Gefühle zu verbergen, wenn nicht sogar vor sich selbst zu leugnen.

Im Stamme der Navajo Indianer sagte man, es würden vier Tage genügen, um einen Toten zu beweinen, während man bei den südafrikanischen Zulu den Witwen vorschrieb, mindestens ein Jahr lang Trauerkleidung zu tragen und sich abseits der sozialen Gemeinschaft zu halten. Auch in unserer Kultur war dieses eine Trauerjahr einst eine feste Regel, wenn es um die Zeit der Trauer ging. Ein Jahr lang trug man schwarze Kleidung, ein Jahr lang hielt man sich fern von gesellschaftlichen Ereignissen. Dies hatte den Sinn, dass man wenigstens einmal alle Abläufe eines Jahres ohne den Verstorbenen durchlebt und erfahren hatte. Einen Jahrestag, einen Geburtstag, einmal jeden Feiertag, jeden Gedenktag an ein gemeinsames Ereignis, um durch bewusstes Erinnern den Verlust zu reflektieren und aufzuarbeiten.

Diese zeitlichen Festlegungen sind jedoch Segen und Fluch zugleich. Einerseits mögen sie den Trauernden davor schützen, allzu früh wieder von den Ansprüchen der Umgebung gefordert zu sein. Diese Regel gibt ihm Raum, seiner Trauer Ausdruck zu verleihen und schützt ihn davor, Gefühle und Empfindungen vorzutäuschen, die er nicht hegt oder Aktivitäten auszuführen, für die es ihm im Grunde an Kraft und Energie fehlt.

Andererseits jedoch zwingen sie vorgegebene Zeitphasen auf, die vielleicht gar nicht dem seelischen Rhythmus des Betroffenen entsprechen.

In meiner aktiven Zeit in der Sterbebegleitung sind mir häufig Menschen begegnet, die bedauerten, dass es dieses Trauerjahr im Grunde nicht mehr gibt, auch nicht die Vorschrift, in dieser Zeit nur schwarze Kleidung zu tragen. Der sichtbare Hinweis darauf, dass man einen Trauerfall zu bewältigen hat, erschien ihnen als Schutz. Sie mussten sich nicht erklären, nicht entschuldigen dafür, wenn ihnen das Bedürfnis nach Gesellschaft fehlte und sie lieber mit sich alleine blieben. Sie mussten keine Fragen danach beantworten, warum sie immer noch schwarze oder dunkle Kleidung trügen oder Ratschläge hinnehmen, dass es doch langsam an der Zeit wäre, auszugehen und wieder mit dem Leben zu beginnen.

Andere hingegeben sahen diese kollektiven Vorschriften über Art und Dauer eines Trauerprozesses als Einschränkung und gewisserweise fast als Strafe, die zu dem erlittenen Verlust noch hinzukam. Sie sahen sich Sanktionen ausgesetzt, die es ihnen erschwerten, einen eigenen Rhythmus der Trauer zu finden. Von außen aufgezwungene Trauer führt zu Schuldgefühlen und Verleugnung der eigenen Bedürfnisse und diese wiederum führen zwangsläufig zu Krankheiten an Körper und Seele.

Ich erinnere mich noch sehr gut an einen jungen Mann, der seine Frau durch Krebs verloren hatte – gerade ein Jahr, nachdem die beiden endlich, nach jahrelangem vergeblichen Wunsch nach einem Kind, einen Adoptivsohn angenommen hatten. Der Mann, ein Polizeibeamter, war an einem, von seiner Heimatstadt weit entfernten Dienstort stationiert und musste deshalb ohne jegliche familiäre Unterstützung zurechtkommen. Mutter und Geschwister lebten hunderte von Kilometern entfernt und konnten keine Unterstützung leisten. Zum miterlebten Leidensweg der geliebten Ehefrau und zum Schmerz des Verlustes kam also noch die Sorge um das angenommene Kind. Einerseits hatte er Angst, diesen Sohn wieder zu verlieren, andererseits wusste er nicht, wie er ihn versorgen sollte und konnte.

In dieser Zeit fühlte er sich, wie er sagte, völlig benommen. Er wusste nicht mehr, wer er war, wo seine Lebensziele lagen oder wie er mit diesem Leben, dass er zusammen mit seiner Frau planen und verbringen wollte, nun plötzlich alleine zurechtkommen sollte.

Als er sich nach Monaten der Isolation eines Tages innerlich endlich wieder für einen Moment so frei fühlte, dass er, während des Aufräumens bei offenem Fenster, laute Musik hörte, kam eine Nachbarin vorbei. Sie

Trauer im sozialen Kontext

grüßte, schüttelte leicht und, wie es ihm schien, missbilligend den Kopf und sagte: »*Na, Ihnen scheint es ja schon wieder recht gut zu gehen. Das ging ja schnell!*«

Ich glaube zwar nicht, dass die Nachbarin es wirklich so gemeint hatte, wie es klang. Aber diese eine Bemerkung brachte alles zum Einsturz, was sich in der Psyche dieses Mannes gerade wieder anfing zu festigen.

Er zog sich sofort zurück, kämpfte mit seinen Schuldgefühlen und es dauerte weitere Monate, bis er erneut den Versuch wagte, wieder am Leben teilzunehmen.

Ein Mensch, der trauert, ist verletzlich - sehr viel mehr, als zu anderen Zeiten und es erfordert Fingerspitzengefühl, ihm nicht immer wieder neue Verletzungen zuzufügen oder Salz in nicht verheilte Wunden zu streuen.

Der Umgang mit Trauernden ist sensibel - das gilt bereits in der alltäglichen Begegnung. Wir alle sind i.d.R. überfordert, wenn wir es mit einem Hinterbliebenen zu tun haben. Dass aus Unsicherheit und Angst vor eigenem Fehlverhalten die Straßenseite gewechselt wird, ist keine Seltenheit. Diese Angst ist durchaus verständlich - aber sie hilft dem Trauernden nicht. Im Gegenteil: Sie vergrößert seinen Schmerz. In derartigen Situation können wir im Grunde nur eines tun: Wir müssen uns fragen, was wir uns selbst in der Lage des Trauernden wünschen würden. Sicherlich keine Menschen, die uns aus dem Weg gehen und uns behandeln, als wäre Trauer eine ansteckende Krankheit. Dies auch auf die Gefahr hin, dass die Reaktion unseres Gegenübers anders ausfällt, als erwartet.

Der Psychologe Jorgos Canacakis[1] schrieb darüber:

> *»Wenn man das Heer von trauernden Menschen sieht und die organisierte Verhinderung von Trauer wahrnimmt, sollte man nicht allzu erstaunt darüber sein, dass die meisten von uns Gefahr laufen, depressiv zu werden.«*

Wir haben nicht gelernt, mit Menschen in Ausnahmesituationen umzugehen und ein wenig mehr ›Normalität‹ in der Anerkennung von Leid und Verlust, täte uns im zwischenmenschlichen Bereich sicherlich gut.

Umso wichtiger ist es aber, dass wir Astrologen, die wir mithilfe des Horoskopes doch die Möglichkeit besitzen, in die Seele eines Menschen zu blicken, ihn auch und gerade in seinen dunkelsten Stunden, so annehmen, wie er ist und ihn mit seiner Trauer und seinem Schmerz aussöhnen.

---

[1] Jorgos Canacakis »Ich sehe deine Tränen«, Kreuz-Verlag 1987

2. Märchen und Astrologie

> *»Märchen und Mythen sind psychische Manifestationen, welche das Wesen der Seele darstellen«*
> C.G. Jung
> ›Archetypen des kollektiven Unbewussten‹, 1934

Märchen und Mythen sind, wie die Astrologie auch, eine Sprache der Seele. Sie sind Teil des kollektiven Erinnerungsvermögens der gesamten Menschheit.

Jedes Volk, jede ethnische Gruppierung, jede Nation hat ihre eigenen, aus dem Wissen und der Erfahrung weit zurückreichender Generationen geschöpften Märchen. Sie beinhalten kulturtypische Symbole, die eine unbewusste Verbindung zur Psyche eines jeden Mitglieds dieses Kreises aufweisen.

Aber über diese kulturtypischen Besonderheiten hinaus besitzt jede archetypische Erzählung eine innere Struktur, die mit den unbewussten Inhalten unserer Seele korrespondiert. Deshalb können wir die Botschaften und Symbole aus den Märchen anderer Kulturkreise auf unsere eigenen Lebenserfahrungen anwenden, vorausgesetzt, es handelt sich um eine archetypische Überlieferung. Dies mag nicht in jedem Fall und in jedem Bereich funktionieren. Ich erinnere

MÄRCHEN UND ASTROLOGIE

mich an einen Auftrag, den ich vor einigen Jahren als Geschichtenerzählerin hatte. Ich sollte damals eine Reisegruppe an den Amazonas begleiten, um über die dort überlieferten Märchen und Mythen die Erfahrungen, Riten und Lebensgewohnheiten der Flussanwohner zu erläutern.

Bei der Beschäftigung mit diesen Märchen musste ich feststellen, dass sie von ihrer Art und Aussage überhaupt nicht in unsere Vorstellungen passen, wie wir sie von unseren überlieferten Erzählungen her gewöhnt sind. Sprache und Ausdruck spielten dort eine ganz andere, nämlich völlig untergeordnete Rolle als bei uns und so waren die Erzählungen sehr karg und, für mein Verständnis, völlig unlogisch und unklar ausgedrückt.

Die Sozialisierung in den kleinen Indianersiedlungen, die ursprünglich sehr abgeschottet von der Außenwelt lebten, erfolgte nicht, wie bei uns über einen Weg der Individualisierung. Jeder Mitbewohner war Teil eines sozialen Netzwerkes, in dem persönliche Entwicklung so gut wie keine Rolle spielte, sondern nur die der Gemeinschaft. Die überlieferten Geschichten beschäftigten sich deshalb ausschließlich mit den für die dort ansässigen Menschen wichtigen Themen, wie z.B. Jagen, Ahnenkult und Tod. Erst in späterer Zeit, als andere Einflüsse durch Eroberer, Sklaven, Zuwanderer usw. hinzukamen, änderten sich auch die Inhalte der Märchen.

Wenn wir also von der möglichen Übertragung von Märchenbilder auf unsere Seelenerfahrungen sprechen, müssen wir als Grundlage immer eine archetypische Erzählung wählen, die unserem Entwicklungsverständnis entspricht.

Archetypische Märchen sind Metaphern, die Anwendung auf alle Stationen unserer Lebensprozesse finden:

- Geburt
- Erziehung / systemische Prägung
- Ablösung / Erwachsenwerden (Sozialisierung)
- Beziehungsfähigkeit/Partnerschaft
- persönliche Lebenskrisen
- Reife, Alter
- Sterben und Tod

Sie sind, wie der Psychiater Ottokar Graf von Wittgenstein es ausdrückte »*Ein blanker Spiegel, indem wir uns selbst und unsere Mitmenschen entdecken und besser verstehen lernen können.*«[1]

Die Reise des Märchenhelden, die Prüfungen, die er zu meistern hat, die Hilfen, die ihm auf irdischer, aber auch auf spiritueller Ebene zuteilwerden, und vor allem die Erfahrungen und Werkzeuge, die er einsetzt, wer-

---

[1] O. Graf Wittgenstein, »Märchen, Träume, Schicksale« Kindler, München 2. Auflage, 1981

Märchen und Astrologie

den für uns zu einer innerseelischen Landkarte, zu einem Vorbild, an dem wir uns auf unserem eigenen Weg durch Krisen orientieren können.

Hier finden Märchen und Horoskop zusammen. Das Märchen zeigt uns einen kollektiven Weg der Problemlösung und das Horoskop verweist uns in Verbindung damit auf das Individuelle und zusätzlich - durch die laufenden Aspekte - auch auf die entsprechende Zeitqualität. Die Verbindung von Märchen und Horoskop ermöglicht es uns, die Heldenreise des Märchens auf den Horoskopeigner zu übertragen. Er wird damit selbst zum Märchenhelden in seiner eigenen Seelenlandschaft.

3. Märchen
3.1 Die Mosfrau

Tief im Dunkel des Waldes in einer einsamen Hütte lebte einst die Mosfrau. Als es Frühling wurde, hing sie ihren Pelz zum Trocknen nach draußen in die Sonne. »Mag der Wind ihn wohl ein Weilchen trocknen«, so dachte sie bei sich und ging wieder zurück in ihre Hütte.

Als sie aber am Abend wieder aus der Hütte kam, da sah sie: Der Pelz war weg! Das konnte nicht sein! Sie sah links herum, sie sah rechts herum – aber der Pelz war und blieb verschwunden. Ob ein vierfüßiges Erdentier damit fortgelaufen oder ein gefiederter Himmelsvogel damit weggeflogen war? Sie konnte es nicht sagen.

Schließlich fing die Mosfrau an zu klagen: »Oh weh! Mein Pelz! Der schöne Pelz ist weg. Er war das Einzige, was mir von meiner Mutter noch geblieben war. Sie selbst hat ihn genäht – Oh weh! 20 Jahre war er alt und noch nicht zerrissen und nicht zerschlissen – oh weh! Er ist fort. Ach, hätte ich ihn nur nicht nach draußen getragen, hätte ich das nur nicht getan!« So jammerte und klagte sie und wusste sich in ihrem Kummer gar nicht zu trösten.

MÄRCHEN

Schließlich ging sie zurück in ihre Hütte. Aber sie konnte keine Ruhe finden. Die ganze Nacht wälzte sie sich ruhelos und weinend auf ihrem Lager.
Ganz früh am anderen Morgen aber schon stand sie auf, aß und trank, aber soviel sie aß, soviel weinte sie auch. Dann band sie sich ihr Kopftuch um und verließ die Hütte. Sie wanderte, soweit ihr Auge schaute. Sie wanderte wohl eine lange Zeit, sie wanderte wohl eine kurze Zeit. Als sie spürte, wie ihre Kräfte schwanden, da sah sie vor sich plötzlich eine Hütte, die auf drei Beinen stand und aus deren Kamin Rauch zum Himmel stieg. Sie trat vor die Tür und klopfte an. Eine Frau öffnete: »Wer bist du, Herrin, und was willst du?«
»Kennst du mich nicht? Ich bin es, die Mosfrau aus der einsamen Hütte!«
»Schwester! Was ist dir geschehen?« Sie führte die Mosfrau ins Haus und ließ sich ihren Kummer erzählen.
»Der Pelz ist weg! Der Pelz, der mir von unserer Mutter geblieben ist, ist weg! Ich weiß nicht, ob ein vierfüßiges Erdentier damit fortgelaufen oder ein gefiederter Himmelsvogel damit weggeflogen ist – ich weiß es nicht! Aber ich werde wandern, wohin mein Auge schaut und nicht eher ruhen, bevor ich meinen Pelz wiederhabe!«

Die Mosfrau

Die Schwester hörte zu. Dann gab sie der Mosfrau zu essen und zu trinken. Aber soviel die Mosfrau auch aß, soviel weinte sie auch.
»Warte«, sagte die Schwester, »bis mein Mann, dein Schwager von der Jagd nachhause kommt, vielleicht weiß der ja einen Rat.«
Und bald darauf hörten die beiden Frauen, wie der Schwager laut polternd die Hütte betrat.
»Siehst du denn nicht, wer bei uns ist?«, fragte die Schwester.
»Meine Augen sind noch blind vom Frühlingswind«, sagte der Mann, »aber ja, jetzt sehe ich es, es ist die Mosfrau aus der einsamen Hütte! Was führt dich zu uns?«
»Der Pelz ist ihr gestohlen worden, der Pelz, den unsere Mutter genäht hat! Hast du ihn nicht gesehen?«
»Fischend und jagend durchziehe ich das ganze toremgeschaffene Land. Wenn sie ihn auf meinen Wegen vorbeigetragen hätten, ich hätte ihn gesehen!«
Dann wandte er sich an seine Frau: »Gib deiner Schwester das Eichhörnchensommerfell«, und zur Mosfrau sagte er: »Geh zum anderen Schwager, du weißt schon, dem im fernen, einsamen Land! Vielleicht weiß der ja einen Rat!«
Dann begaben sie sich zur Ruhe. Als die beiden Frauen am anderen Morgen aufstanden, hatte der Schwager

MÄRCHEN

das Lager längst verlassen und war zur Jagd gegangen.
Die beiden Frauen aßen und tranken, aber soviel die Mosfrau auch aß, soviel weinte sie auch. Schließlich band sie sich ihr Kopftuch um, verabschiedete sich von der Schwester und machte sich auf den Weg. Sie wanderte wohl eine lange Zeit, sie wanderte wohl eine kurze Zeit. Als sie spürte, dass ihre Kräfte schwanden, da sah sie vor sich eine Hütte, aus deren Kamin Rauch zum Himmel aufstieg. Sie klopfte an.
»Herrin, wer seid Ihr?«, fragte die Frau, die öffnete.
»Kennst du mich nicht? Ich bin es, die Mosfrau aus der einsamen Hütte.«
»Schwester, was ist geschehen?« Und die Frau führte die Mosfrau in die Hütte und ließ sich von ihrem Kummer erzählen.
Als die Mosfrau geendet hatte, gab ihr die Frau zu essen und zu trinken. Aber soviel die Mosfrau auch aß, soviel weinte sie auch.
Schließlich sprach die Frau: »Warte, bis dein Schwager von der Jagd nachhause kommt, vielleicht weiß der Rat!«
Und bald darauf hörten sie, wie der Schwager laut polternd die Hütte betrat. Er hob schnüffelnd die Nase.
»Was schnüffelst du, wie ein Hund? Siehst du nicht, wer bei uns ist. Es ist die Mosfrau aus der einsamen Hütte!«

Die Mosfrau

»Was führt dich zu uns?«
»Der Pelz, der ihr von unserer Mutter geblieben ist, ist ihr gestohlen worden, weißt du nicht, wo er ist?«
Und die Mosfrau fing an zu klagen: »Ich will meinen Pelz wieder haben und wenn es mich das Leben kostet.«
»Wenn du klug bist«, sagte der Schwager, »wird es dich nicht einmal deine Seele kosten.«
Und zu seiner Frau sagte er: »Gib deiner Schwester den Mardersommerpelz!«
Dann wandte er sich wieder an die Mosfrau: »Was hat dir der andere Schwager gegeben?«
»Das Eichhörnchensommerfell«
»Nun, er wusste wohl, was er zu geben hatte. Und nun hör mir gut zu:
Mach doch Morgen ganz früh auf den Weg. Du hast einen langen, schweren Weg vor Dir. Du musst in ein fernes Land gehen, wohin nicht einmal ein einsamer Vogel kommt. Folge immer den Lauf des Ac. Wenn du schon fast an der Mündung bist, wirst du auf Menschen treffen. Kümmere dich nicht um sie, geh einfach weiter. Bald darauf kommst du in eine Stadt und am Ende dieser Stadt an einen großen Baum. Ganz hoch oben an diesem Baum in einer großen Astgabel steht eine Hütte und am Fensterkreuz, da hängt dein Pelz. Aber jetzt pass auf: Zieh dir nun ganz rasch den Marderpelz über und dann klettere auf den Baum. Wenn du deinen Pelz gegriffen hast, dann wirf dir das Eich-

MÄRCHEN

hörnchensommerfell über und klettere rasch wieder nach unten. Links und rechts vom Baum liegen zwei große schwarze Hunde in schwere Ketten geschlagen. Hab´ keine Angst, sie werden dir nichts tun. Du darfst aber unterwegs nicht denken: ›Hui, jetzt hab´ich meinen Pelz wieder‹, denn dann werden sie sich auf dich stürzen und dich zerreißen!
So und nun lass uns schlafen gehen! Du hast eine lange, schwere Reise vor dir!«
Die drei legten sich zur Ruhe. Als die beiden Frauen am anderen Morgen aufstanden, hatte der Schwager das Lager bereits verlassen und war zur Jagd gegangen. Die Mosfrau aß und trank, aber soviel sie auch aß, soviel weinte sie auch. Schließlich band sie ihr Kopftuch um, küsste ihre Schwester auf beide Wangen, nahm die beiden Pelze und ging.
So machte die Mosfrau sich auf den Weg. Sie wanderte wohl eine lange Zeit, sie wanderte wohl eine kurze Zeit. Sie folgte immer dem Lauf des Ac. Es war eine einsame und beschwerliche Reise. Hunger und Kälte quälten sie, aber sie wanderte weiter.
Als sie schließlich an die Mündung des Flusses gelangt war, sah sie Menschen. Sie fischten mit einem großen Netz und sie sangen und lachte. Aber, was kümmerte sich die Mosfrau darum? Sie wanderte einfach weiter. Bis sie zu der Stadt kam, von der ihr Schwager gesprochen hatte. Sie durchquerte diese Stadt und

Die Mosfrau

dann, tatsächlich am anderen Ende, stand ein großer, mächtiger Baum, der weit in den Himmel ragte.
Weit oben in einer Astgabel sah sie nun die Hütte und am Fenster hing der Pelz ihrer Mutter!
Geschwind warf die Mosfrau sich den Marderpelz über und begann den dicken festen Stamm hinaufzuklettern. Sie sah wohl die schwarzen Hunde links und rechts neben dem Baum, aber sie fürchtete sich nicht. Sie kletterte immer weiter ihrem Ziel entgegen. Dann endlich hatte sie die Hütte erreicht. Sie griff den Pelz ihrer Mutter, warf den Marderpelz ab und hüllte sich in den Eichhörnchensommerpelz. Dann machte sie sich – behände und geschwind, als wäre sie selbst ein Eichhörnchen wieder an den Abstieg.
Als sie aber gerade die letzte Elle vom Baum springen wollte, da dachte sie bei sich:
»Endlich! Gott Torem sei Dank, nun habe ich meinen Pelz wieder!«
In diesem Augenblick sprengten die schwarzen Hunde ihre Ketten, stürzten sich auf die Mosfrau und zerrissen sie.
Die Mosfrau war tot; ihr Pelz blieb liegen.
Die Seele der Mosfrau aber erhob sich und wanderte weiter. Sie wanderte den ganzen Weg zurück, den sie gekommen war. Als sie an der Hütte der zweiten Schwester angekommen war, fiel dort die Tür ins Schloss. »O weh«, jammerte die Schwester, »sie ist

MÄRCHEN

nicht mehr! Die von den Meinen war, ist nicht mehr unter uns«, so klagte sie.
Auch bei der Hütte der ersten Schwester fiel die Tür ins Schloss. Auch diese Schwester fing an zu weinen. »Sie ist nicht mehr! Sie, die Schwester aus der einsamen Hütte ist tot!«
Die Seele der Mosfrau aber wanderte weiter. Sie kam zurück zu ihrer Hütte, der einsamen Hütte im Wald. Dort verkroch sie sich unter einem Stapel von Fellen. Aber sie fand keine Ruhe. Schließlich kroch sie wieder nach draußen und dort, weil es Frühling war und der Boden sich erneuerte, kroch sie tief in die Erde hinein.
Kurze Zeit darauf erblühte an dieser Stelle eine rote Blume.
Dann kam eine Bärin und fraß die Blume auf.
Wenige Wochen später gebar die Bärin ein Junges, gleich darauf noch eines und als drittes schließlich ein kleines Mädchen, ein Chanti-Mädchen. Es war die Mosfrau aus der einsamen Hütte.
»Ein Chanti-Mädchen«, freute sich die Bärin, »ich habe ein Chanti-Mädchen geboren!«
So wuchs die Mosfrau bei der kleinen Bärenfamilie auf. Es war eine glückliche Kindheit voller Spielen und Lachen. Als das Mädchen etwas größer geworden war, begann es aus Birkenrinde kunstvoll verzierte Gefäße zu machen, die eine wahre Pracht waren.
Eines Tages rief die Bärenmutter das Mädchen zu sich und sprach: »Hör mir zu, Chanti-Mädchen, mein

Die Mosfrau

himmlisches Mädchen. Es werden Menschen kommen und mich und deine Brüder töten. Ich will nicht, dass dir ein Leid geschieht. Deshalb möchte ich, dass du fortgehst, weit fort.«

Aber das Mädchen sprach: »Ich will euch nicht verlassen, Mutter und ich will auch nicht, dass ihr sterben müsst. Ich werde bei euch bleiben, was immer auch geschieht und wenn die Menschen kommen, dann will ich an eurer Stelle sterben!«

»Chanti-Mädchen, liebes Kind, was redest du da? Gott Torem hat mich auf die Erde gesandt und er hat den Tag meines Todes bestimmt, du kannst mich davon nicht erlösen. Gott Torem wird mir auch meinen Platz im Himmel geben. Aber jetzt hör´ mir gut zu: Wenn alles vorüber ist und du unter die Chanti-Menschen kommst, dann achte du mein Blumenkind darauf, wohin sie unsere Nägel und Krallen werfen, sammle sie ein und breite sie an einem stillen Platz am Ufer des Flusses aus; denn dann werden unsere Seelen sie wiederfinden und geradewegs in den Himmel fahren. Wie groß deine Trauer und dein Schmerz auch sein mögen, vergiss das nicht!«

Da hörten sie draußen vor der Bärenhöhle schon ein lautes Hin- und Hergelaufe und ein Rumoren. Die Menschen waren gekommen und versuchten nun in die Bärenhöhle einzudringen.

MÄRCHEN

»Lauf weg Chanti-Mädchen!«, rief die Bärenmutter Aber das Mädchen hörte nicht. »Lass mich an Deiner Stelle gehen, Mutter!«
Um die Menschen abzulenken, warf das Mädchen ihre Birkenrindengefäße nach draußen. »Was ist das«, fragten die Menschen, »woher kommen die Gefäße? Ist da etwa ein Mensch in der Bärenhöhle?«
Da nahmen die Menschen einen dicken Holzpfahl und versuchten die Höhle aufzubrechen. Die Bärenmutter rief: »Geh weg«, und dann stürzte sie sich an dem Mädchen vorbei ins Freie. Sofort wurde sie von den Menschenhänden gepackt und getötet.
Die Meute draußen schrie: »Es sind noch zwei junge Bären in der Höhle.«
Der ältere Bärenbruder wollte sich nach draußen stürzen, aber das Mädchen hielt ihn zurück: »Bleib hier Bruder, lass mich für dich gehen!«
Aber der Bruder hörte nicht auf sie: »Du kannst nicht für uns sterben, Schwester!«
Da packten ihn auch schon die Menschenhände und töteten ihn.
Nun war die Reihe an dem jüngsten Bruder. Das Mädchen flehte noch einmal: »Ich bitte ich mein Bruder, bleib und lass mich an deiner Stelle gehen!«
Aber auch dieser Bruder hörte nicht auf sie, sondern lief einfach an dem Mädchen vorbei nach draußen und wurde getötet.

Die Mosfrau

Drinnen in der Höhle fing nun das Mädchen an, laut zu weinen und zu klagen. Die Menschen hörten das und kamen näher. »Was ist das? Da ist doch ein Mensch in der Bärenhöhle?«

Da warf das Mädchen wieder ihre Birkenrindengefäße nach draußen nach den Menschen und rief unter Tränen: »Ihr habt all die Meinen getötet? Warum kommt ihr nicht und tötet auch mich?«

»Ein Mensch, ein Mensch ist da drin!«, riefen alle durcheinander, aber niemand tat etwas. Da fasste sich schließlich der Stadtfürstensohn ein Herz, ging in die Höhe und führte das weinende Chanti-Mädchen an der Hand nach draußen.

Als die Menschen es sahen, da flüsterten sie: »Es ist die Mosfrau, die Mosfrau aus der einsamen Hütte.«

Der Stadtfürstensohn aber führte das Mädchen zu seinem Schlitten und setzte sie vorne auf. Dann griff er die Zügel, schnalzte mit der Zunge und fuhr davon.

Die beiden fuhren wohl eine lange Zeit, die beiden fuhren wohl eine kurze Zeit. Schließlich erreichten sie die Fürstenstadt. Der Junge brachte das Mädchen sogleich in das Haus seiner Eltern und dort lebte sie nun mit ihnen.

Indessen begannen draußen die Jäger unter lauten Schreien und Jubeln die Bären zu häuten. Es spielte der Spieler und es sang der Sänger – jeder tat das seine.

MÄRCHEN

Das Mädchen aber saß im Palast des Stadtfürsten und weinte bittere Tränen. Trotzdem aber achtete es genau darauf, wohin die Menschen Nägel und Krallen der Bären warfen. Dann ging es hinaus, sammelte sie auf und trug sie an einen stillen Platz am Ufer des Flusses. Dort breitete es sie aus. »Mögen ihre Seelen sie wiederfinden«, so betete es leise. Dann machte es sich wieder auf den Weg zurück in die Stadt. Plötzlich hörte es jedoch die Stimme ihrer Bärenmutter:
»Chanti-Mädchen, himmlisches Mädchen! Wir haben unsere Zirbelzapfennägel wieder gefunden. Wir danken dir dafür! Denn nun können unsere Seelen geradewegs in den Himmel fahren. 7 Sterne werden dort oben sein. Das bin ich und zu meiner Linken und zu meiner Rechten meine beiden Söhne. ›das Haus der Bärin‹ so wird dieses Sternbild heißen und wenn deine Tränen versiegt sind, dann wirst du den Menschen davon berichten.
Und nun, Chanti-Mädchen, gehe zurück zu den Menschen und lebe mit ihnen ihn Frieden. Aber vergiss nicht: Wenn sie morgen beim Festschmaus von unserem Fleisch essen und dich auffordern, es ihnen gleichzutun, dann sage: ›Ich esse nicht das Fleisch meiner Mutter und ich esse nicht das Fleisch meiner Brüder und wenn ihr mich zwingt, dann werde ich gehen und wandern, soweit mein Auge schaut.‹« Und genauso verhielt sich das Mädchen. Am nächsten Tag beim

Die Mosfrau

großen Fest, als alle vom Bärenfleisch aßen, da sprach sie, genauso wie ihre Mutter sie geheißen.

Da erschrak der alte Stadtfürst und sprach: »Meine liebe Mosfrau, ich bitte dich, du bist doch nicht gekommen, um wieder fortzugehen. Iss, was immer dir erlaubt ist zu essen und bleib bei uns in Frieden.«

Und so blieb die Mosfrau bei den Chanten und seitdem ist dieses Volk gesund und glücklich.

MÄRCHEN

3.2 Hintergrund des Märchens

> »Alle wahre Weisheit kann nur fern menschlicher
> Wohnstatt erkannt werden, draußen in der großen
> Öde.
> Und sie wird nur durch Leiden erworben.
> Not und Leiden sind die einzigen Dinge, die den
> Geist
> dem öffnen können, was anderen verborgen ist.«
> (Igjugarjuk, Schamane, Sibirien)

Das Märchen von der Mosfrau ist ein sehr altes Volksmärchen, das in unterschiedlichen mündlichen und schriftlichen Versionen überliefert ist. Es stammt von dem finno-ugrischen, im Westen Sibiriens angesiedelten Volk der Chanten (sprich: ›Hanten‹), was in der Übersetzung soviel bedeutet, wie ›Mensch‹. Vor seiner Christianisierung durch die russisch-orthodoxe Kirche ab dem 17. Jahrhundert galt dort der klassische Schamanismus als ethnische Ur-Religion. Der Versuch einer religiösen Umerziehung blieb jedoch in diesen einsamen, abgelegenen Gegenden eher oberflächlich, weshalb heute von einer Art Synkretismus ausgegangen werden kann. D. h. die alte, ursprüngliche Naturreligion hat sich mit unterschiedlichen Elementen des Christentums zu einer neuen philosophischen Weltsicht verbunden. Die Verwurzelung im Schamanismus blieb erhalten. Auch die überlieferten Volksmärchen und Erzählungen blieben weit gehend frei von christli-

Hintergrund des Märchens

chen Einflüssen und haben ihre ursprünglichen, den Naturreligionen verhafteten, Inhalte bewahrt.

Gerade das Märchen der Mosfrau beinhaltet diese uralten Wurzeln der schamanischen Glaubensvorstellungen und das macht es für die tiefen Transformationsprozesse einer Trauererfahrung besonders wertvoll.

Die Mosfrau ist die wichtigste und häufigste weibliche Heldin in den Chantischen Märchen. Meist tritt sie gemeinsam mit ihrer Schatten-Schwester, der ›Porfrau‹ auf. Die beiden bilden eine weibliche Phatrie, wobei der Mosfrau die Attribute der weisen, klugen, geschickten Heldin zukommen, während der Porfrau die Rollen des boshaften, dummen oder ungeschickten Trampels zugeschrieben werden. Kein Wunder also, dass uns die Mosfrau hier als Schamanin begegnet.

Die Etymologie des Begriffes ›Schamanismus‹ ist bis heute umstritten. Während manche Quellen davon berichten, dass dieses Wort vom tungusischen ›*shaman*‹ (›verbrennen‹, ›um sich schlagen‹, ›toben‹) abstammt, sehen andere die Herkunft und Verknüpfung im manjurischen Verb ›*sambi*‹, welches mit ›Wissen, Erkennen‹ übersetzt werden kann.

Ein Schamane im herkömmlichen Sinne ist ein von der Geisterwelt berufener Mensch, der eng mit der

MÄRCHEN

Natur verbunden lebt und sich durch das Eintreten in einen anderen Bewusstseinszustand auf Trance- und Heilreisen durch die verschiedenen Weltenebenen versteht. Er ist meist durch besondere physische oder psychische Merkmale ausgezeichnet, die ihn aus der sozialen Gemeinschaft herausheben. Er sucht sich seine Berufung nicht aus, sondern wird von der Götter- oder Geisterwelt dazu bestimmt. Seine Initiation ist schmerzhaft an Körper, Seele und Geist. Sie gleicht einem Prozess des Sterbens und Wiedergeborenwerdens.

Damit unterscheidet sich ein ursprünglicher Schamane im Wesentlichen von neuzeitlichen Großstadt-Schamanen, die ihr Wissen auf Seminaren erwerben. Ein Schamane wird berufen, ob er will oder nicht und er bezahlt dafür i.d.R. einen hohen Preis - sei es den, der körperlichen Beeinträchtigung oder den, der sozialen Ausgrenzung.

Viele Schamanen wehren sich deshalb gegen dieses Schicksal und es dauert oft Jahre, bis sie sich dieser auferlegten Herausforderung stellen.

Was aber macht nun ein überliefertes Volksmärchen zu einem ausgewiesenen Schamanenmärchen?

Der Text der ›Mosfrau‹ erzählt uns im Grunde nicht explizit von solch ausgeprägten Fähigkeiten oder

Hintergrund des Märchens

Besonderheiten der Märchenheldin. Jedoch gibt es einige Hinweise, die genau darauf verweisen, dass sie jemand ist, der in dieser Naturverbundenheit lebt (*»Tief im Dunkel des Waldes, in einer einsamen Hütte lebte einst die Mosfrau ...«*). Sie ist also nicht Teil einer sozialen, dörflichen Gemeinschaft und offensichtlich erwartet sie diese Zugehörigkeit auch nicht. Im weiteren Verlauf muss die Mosfrau immer wieder tiefe Transformationsprozesse durchlaufen, die sie ihr bisheriges Leben kosten und die sie auf völlig neue Daseinsebenen zwingen. Durch die Erlebnisse von Tod und Wiedergeburt und die Transformationen von der Mensch-, über die Pflanzen- auf die Tierebene zeigt sich die Parallele zu den schamanischen Weltenreisen.

In der Märchenforschung wird davon ausgegangen, dass Märchen, die von Transformationen auf Tier- oder Pflanzenebenen sprechen, immer einen schamanischen bzw. naturreligiösen Hintergrund aufweisen.

Auf eine psychologische Ebene übertragen, können wir in der Analyse dieser Märchen von einem Wechsel verschiedener Entwicklungsprozesse oder aber auch Erlebnisebenen ausgehen. Der Märchenheld oder in unserem Fall die Märchenheldin kann von einer geistig-mental-spirituell geprägten Ebene auf eine körperlich-materiell-triebhafte Ebene wechseln, weil sie nur hier bestimmte Lebenserfahrungen machen kann, die sie auf ihrem Weg zur Ganzheit braucht. Die Erkennt-

MÄRCHEN

nisse der vorangegangenen Entwicklungsstufen nutzen ihr dabei oft nicht. Sie muss, um zu ihrer individuellen Ganzheit zu finden, völlig neue und bisher unbekannte Lernaufgaben bewältigen.

Wie im realen Leben ist auch in dem Märchen der Mosfrau der Schmerz über Verlust und Tod der Auslöser dafür, dass neue Wege beschritten werden. Die Mosfrau aber lehrt uns deutlich, dass wir uns nicht gegen die Trauer wehren müssen oder sogar dürfen. Sie muss durchlebt und anerkannt werden, erst dann ist Wandlung möglich. Sie zeigt uns, dass das Wissen um übergeordnete Zusammenhänge nicht die individuelle Erfahrung ersetzt.

4. Anwendung in der Praxis

Das Märchen der Mosfrau begleitet mich nun bereits mehr als 20 Jahre. Als ich es zum ersten Mal von einer Seminarteilnehmerin hörte - sie hatte es so von ihrer sibirischen Großmutter gehört - war ich beeindruckt von der Vielfältigkeit und dem Wechsel der verschiedenen Daseinsformen, von dem es erzählt. Der Wandel zwischen Mensch-, Pflanzen- und Tierebene versinnbildlicht die Entwicklung der Seele auf schamanischer, aber auch auf psychologischer Ebene (sofern man dies überhaupt als Widerspruch sehen mag). Es zeigt uns auch, dass Entwicklung und Veränderung im Leben oft von schmerzhaften Verlusten begleitet sind, welche unser bisheriges Leben umfassend infrage stellen. In seiner Komplexität weist es uns darauf hin, dass diese Phasen nicht durch Vernunft und höhere Einsicht abzukürzen sind, sondern als seelische Erfahrungen individuell er- und durchlebt werden müssen. Entwicklungswege müssen gegangen werden. Wir wissen nichts über die Wirkung von Hitze, solange wir uns selbst nie die Finger verbrannt haben, auch, wenn dies ein schmerzhafter Prozess ist.

Genau darin liegt die Weisheit dieses Märchens für uns beratende Astrologen. Wir müssen Verständnis dafür entwickeln, dass ein Klient zwar unseren Rat sucht, die Erfahrungen selbst dadurch aber nicht vermeiden kann und auch nicht soll. Die Mosfrau kann

Anwendung in der Praxis

und darf ihren Weg durch die Trauer gehen, in dem Wissen, dass es irgendwo Menschen gibt, die ihre Türen für sie offenhalten und sie verstehen. Und genau auf diesem Weg lernt sie schließlich, weil diese Erkenntnis wachsen und reifen darf und damit zu ihrer eigenen wird, dass Verlust - so schmerzhaft er sein mag - immer auch bedeutet, dass wir zu etwas anderem, etwas neuem berufen sind.

Insofern ist das Märchen von der Mosfrau ein anschauliches Lehrbeispiel für die Zeit schwieriger Transite der kollektiven Planeten über unsere persönlichen Radixplaneten. Auch sie stehen für Zeiten tief greifender Lebensveränderungen, die nicht selten mit großen Verlusten oder persönlichen Opfern einhergehen.

4.1 Jede Reise beginnt mit dem ersten Schritt

Jede Trauer wird durch ein bestimmtes Ereignis, meist durch einen Verlust, ausgelöst. In der Trauer bewegen wir uns durch eine Vielzahl von Gefühlen, die zunächst einmal nur eines zum Ziel haben: Das, was wir verloren haben, wieder zu finden.

Alte Volksmärchen, die von all den Lebensprozessen erzählen, die wir zu durchlaufen haben, sind allein schon deshalb gute Beispiele, Metaphern für den Umgang mit unseren Krisen, weil sie häufig genau diese Suche zum zentralen Motiv haben. Helden und Heldinnen machen sich auf den Weg, um etwas zu suchen, das zur Ganzheit fehlt. Erst, wenn dieses Fehlende wieder gefunden oder zurückgebracht wird, kann Heilung stattfinden. Dies kann ein bestimmtes Zauberwort sein, es können drei goldene Haare vom Haupte des Teufels sein oder ein magischer Trank, der im Stande ist, die kranke Prinzessin oder den alten König zu heilen. Oft wird das Ziel aber auch während dieser Reise zum Nebenobjekt. Der Held entdeckt, dass die Erkenntnis oder die Heilung in einer ganz anderen Sache liegt.

Wesentlicher Bestandteil dieser Suche ist jedoch immer, dass es ein bestimmter Held sein muss, der am Ende die Prüfungen besteht, die nötig sind, um diese

Ganzheit herzustellen. Nicht jeder ist dazu in der Lage. Meistens ist es der jüngste oder schwächste Bruder oder der Narr, der von allen verlacht wird. Er ist der Auserwählte. Er ist es, der auf seinem Entwicklungsweg lernt, seine Schwächen anzunehmen und sie zu überwinden. Er lernt aber auch, seine Talente, die ihm bislang vielleicht noch gar nicht bewusst waren, auszubilden und einzusetzen. Jedes Abenteuer wird für ihn zu einer Aufgabe, die es zu lösen gilt. Es geht um eine Herausforderung, die ihn, wenn er sie angenommen und bestanden hat, auf eine neue Entwicklungsstufe hebt. Mag er selbst auch von Ängsten geplagt sein, von Hindernissen eingebremst oder von Gefahren bedroht - alles dient am Ende dazu, dass er erwachsener und damit freier und selbstbestimmter wird.

In der Regel ist es jedoch so, dass er erst am Ende der Geschichte erkennt, wie viel er gewonnen hat. Auf seinem Weg geht er Schritt für Schritt, oft ohne zu wissen, wohin er ihn führt und ohne intellektuelle Erklärungsversuche. Die ungeahnten Prüfungen auf seinem Weg nimmt er an, löst sie nach seinem Ermessen und seinen ureigensten Fähigkeiten. Aber gerade über diese ist er sich meist nicht bewusst. Der Märchenheld weiß nicht, welche Schätze seine Seele birgt. Ob es sich um den Segen der verstorbenen Mutter, das Wissen der Ahnen, die Prägungen seiner Herkunft oder eine bestimmte charakterliche Stärke, wie z.B. Mitgefühl oder Verantwortlichkeit handelt - er kann sie erst auf

Jede Reise beginnt mit dem ersten Schritt

seinem abenteuerlichen Weg der Suche anwenden. Im gewohnten Umfeld kann er sie nicht einsetzen. Erst draußen im Leben, in fremden Systemen wird klar, was von diesen Erfahrungen nutzbar wird und was nicht. Der Märchenheld weiß lediglich, dass er sich aus einem bestimmten Grund auf die Suche gemacht hat. Dass diese Suche jedoch oft nur dazu dient, die eigenen Fähigkeiten zu erproben und den derzeitigen Entwicklungsstand zu überprüfen, das muss er auch nicht wissen. Das ist Teil der Prüfung.

In dem alten russischen Volksmärchen ›Vassilisa‹ macht die Heldin sich auf dem Weg zur Baba Yaga, der Hüterin der Lebensgeheimnisse, um von ihr das Feuer für den heimischen Herd zu erbitten. Die Baba Yaga entspricht dem Archetypus der Hexe. Sie ist eine weise, heil- aber auch unheilbringende, schöpferische und zugleich zerstörerische, über Raum und Zeit erhabene Alte, die in den Tiefen des Waldes wohnt. Sie kennt die Mysterien des Lebens und sie ist die Herrin über das ›Stirb und Werde‹. Mit ihr muss sich die Märchenheldin konfrontieren, um zu ihren eigenen Tiefen zu finden. Gleichzustellen ist diese Energie mit Pluto oder auch Lilith im Horoskop. Auch diese beiden bringen uns in Verbindung mit unseren archaischen Kräften, die meist erst in psychisch oder auch physisch bedrohlichen Situationen aus uns herausbrechen. Erst am Höhepunkt der Krise zeigt sich, ob wir diese Kräfte konstruktiv, d.h. lebenserhaltend einsetzen können oder sie in destruktiver, zerstörerischer Art gegen uns selbst oder andere richten. Und genau, wie der Märchenheld meist drei Prüfungen zu bestehen hat, bis er an sein Ziel gelangt, erleben wir bei Transiten langsamlaufender Planeten meist auch dreimal diese herausfordernden Aspekte der gerade anstehenden Lebensaufgaben.

Auch Vassilisa muss die ihr von der Baba Yaga gestellten Aufgaben bewältigen und sie alle haben - ähnlich wie bei unserem ›Aschenputtel‹ aus der Grimm'schen Märchensammlung - mit den ungeschriebenen Gesetzen zur Erhaltung der Lebenskraft zu tun. Beide müssen beweisen, dass sie klug genug sind, das Gute vom Schlechten zu trennen und nur das zu bewahren, was dem Leben dient. Aschenputtel sortiert die Linsen aus und Vassilisa trennt den guten Weizen vom schimmligen. Beide zeigen, dass sie in der Lage sind, sowohl ihr mondisches Erbe (symbolisiert durch den Segen der verstorbenen Mutter), als auch ihre merkurischen Fähigkeiten (ihre erlernten kognitiven Kenntnisse) sinnvoll einsetzen können, um plutonische oder saturnische Krisen zu bewältigen.

Nach bestandener Prüfung spricht Vassilisa: *»Darf ich dich noch etwas fragen, Großmütterchen?«* Und die Alte antwortet: *»Frag wohl, mein Kind. Aber bedenke, dass zuviel Wissen den Menschen vorzeitig altern lässt.«*

Jede Reise beginnt mit dem ersten Schritt

Was uns die Baba Yaga damit sagen will, ist nichts anderes, als dass wir den Dingen nicht vorgreifen können. Wissen, das noch nicht eingeordnet werden kann, das nur dazu dient, unsere Neugierde zu befriedigen oder aus dem Wunsch heraus angesammelt wird, Erfahrungen zu vermeiden, ist keine Weisheit, sondern blanke Theorie, die unseren Weg zur Ganzheit oder auch den zur nächsten Entwicklungsstufe oft mehr behindert, als fördert. Erst, wenn die Zeit reif ist, sind wir auch bereit, das entsprechende Wissen in sinnvolle Handlungen einfliessen zu lassen oder aber anders gesagt: Erst wenn die Entwicklung abgeschlossen ist, sind wir in der Lage zu verstehen, warum wir uns überhaupt auf den Weg machen mussten.

Ähnliches ergibt sich auch häufig in einer astrologischen Beratung. Die Klienten mögen uns Fragen stellen, die weit nach vorne in ihre Zukunft weisen, ihre Beantwortung aber macht keinen Sinn, solange die anstehenden Prüfungen auf dem derzeitigen Weg nicht angegangen werden. Trauer kann eine solche Prüfung sein. Niemand kann sagen, wie wir sie annehmen und auch nicht, wie wir sie am Ende überstehen.

Aus diesem Grund mag die eine oder andere Wahrheit für den Märchenhelden - oder auch für den Horoskopeigner - in seiner ureigensten Ganzheit eine Rolle spielen, für die anstehende Aufgabe oder den momentanen Verlust ist sie aber nicht relevant und manchmal sogar schädlich. Wer einen Verlust erlitten hat, wird nicht zugänglich sein für Aussagen wie »*das ist im Grunde nur eine Befreiung für dich*« oder »*das hast du dir unbewusst so eingerichtet*«. Es ist auch nicht sinnvoll, ihm zu prophezeien, wann er die nächste Partnerschaft eingehen wird. Denn gerade diese - und vor allem ihre Qualität - wird davon abhängig sein, wie er die momentane Krise annimmt und aufarbeitet.

In Trauersituationen ist es weitaus hilfreicher, den Ratsuchenden zu ermutigen, den Schmerz zuzulassen, sich auf den Weg durch die Trauer zu machen und erst dann wieder den Blick auf zukünftige Entwicklungen zu richten. Trauer und Verlust sind tatsächlich oft Impulse oder Auslöser, die uns erst auf einen für uns bestimmten Weg schicken. Aber solange der Schmerz nicht durchlitten und ausgestanden ist und er nicht einer leisen, inneren Sehnsucht gewichen ist, werden wir den Wert einer bestimmten Entwicklungsstufe, die es erst zu erreichen gilt, nicht zu schätzen wissen bzw. ihre Erfahrungen nicht nutzen können.

Trauer und Verlust kann und wird jeden treffen, egal, auf welcher Entwicklungsstufe er steht oder welche Erfahrungen er bisher gemacht hat. Einem Trauernden zu vermitteln, er hätte den Verlust durch falsches Verhalten, überholte Lebenseinstellung oder

Jede Reise beginnt mit dem ersten Schritt

unbewusste Befreiungswünsche selbst verursacht, ist verletzend und entbehrt jeglichen Respekt. Auch, wenn es in unserem unbewussten, inneren Seelenplan Aspekte geben mag, die sich diese Befreiung oder Lösung ›gewünscht‹ hätten, ist niemand von uns in der Lage, deren Zusammenhänge und Hintergründe in voller Bewusstheit zu erkennen.

Im Märchen wird jeder mit Aufgaben konfrontiert. Ein Märchen moralisiert nicht in der Hinsicht, dass es den Helden nur deshalb auf die Reise schickt, weil er etwas falsch gemacht hat. Im Gegenteil. Gerade der, von dem alle glauben, er sei zu schwach oder zu dumm, der offen ist für neue Erfahrungen und unbelastet von Eitelkeit und mentaler Hybris, wird auf dem Weg der Heldenreise seine inneren Stärken entdecken und sie auch richtig einsetzen.

Das Märchen der Mosfrau zeigt sehr genau, dass wir uns alle auf einer Heldenreise befinden, um uns zu entwickeln, neue karmische Erfahrungen zu machen und auch - weil er nun einmal zum Leben gehört - Schmerz erleiden müssen, völlig egal, was wir vorher getan, gedacht oder gefühlt haben. Der Verlust verursacht in uns ein Gefühl des ›Nicht-heil-Seins‹. Er weckt eine Sehnsucht in uns, das Verlorene wieder zu finden. Dieses *Sehnen* nach dem, was uns fehlt, kann zu einer

ANWENDUNG IN DER PRAXIS

Sucht werden, die uns in die Irre führt, zu immer größerem Selbstverlust. Sie kann und wird uns aber im besten Falle auf eine Suche schicken an deren Ende wir uns selbst wieder finden.

Insofern führt sie uns immer auch in neptunische Bereiche. Was nicht bedeutet, dass sie nur durch Neptunaspekte ausgelöst wird. Wie bereits beschrieben, zeigt jede Qualität der langsamlaufenden Planeten ihre ureigenste Signatur, die das Erleben von Trauer, und vor allem die Reaktionen auf sie, so individuell machen.

Dennoch brauchen wir gut ausgebildete Neptunanlagen, um die innere Bilderwelt der Märchen, die aus dem kollektiven Unbewussten zu uns spricht, zu verstehen und zu entschlüsseln. Diese brauchen wir auch, um uns in die psychischen Prozesse eines Trauernden einzufühlen. Aber genau hier befinden wir uns immer auf dem gefahrvollen Weg, die Grenzen zwischen uns und dem Anderen nicht mehr richtig zu erkennen.

Trauer ist also eine gefährliche Zeit, niemand weiß, wie wir sie überstehen und wohin sie uns führt. Aber auch die Begleitung Trauernder ist nicht ohne Gefahr. Der Trauernde bringt eine schmerzhafte Erfahrung in unser Leben, vor der wir uns instinktiv selbst gerne schützen würden. Die Vorstellung, ein Rezept für ›richtig‹ oder ›falsch‹ zu besitzen, ist verlockend, weil sie

Jede Reise beginnt mit dem ersten Schritt

uns hoffen lässt, wir wären vor derartigen Schicksalsschlägen gefeit.

Vielleicht reagieren Trauernde deshalb so sensibel und anfällig auf moralische Verurteilungen und Schuldzuweisungen, weil sie sich dadurch in der Tiefe ihres Schmerzes nicht wirklich angenommen und verstanden fühlen.

Die Mosfrau gibt uns wertvolle Hinweise darauf, wie Trauer durchlebt werden kann, wie wir uns in unserer eigenen Trauer schützen und auch, wie wir anderen respektvoll zur Seite stehen können, wenn der Schmerz des Verlustes sie mit aller Härte trifft, damit sie am Ende wieder frei sind für einen neuen, kreativen Lebensbeginn. Machen wir uns also mit ihr auf den Weg und lernen anhand ihrer Erfahrung, wie wir mit Trauer und Verlust sinnvoll und konstruktiv umgehen und damit zu wirklich segensreichen Helfern werden.

4.2 Schritt 1 - der Verlust des Gewohnten

»Tief im Dunkel des Waldes in einer einsamen Hütte lebte einst die Mosfrau. Als es Frühling wurde, hing sie ihren Pelz zum Trocknen nach draußen in die Sonne. ›Mag der Wind ihn wohl ein Weilchen trocknen‹, so dachte sie bei sich und ging wieder zurück in ihre Hütte.

Als sie aber am Abend wieder aus der Hütte kam, da sah sie: Der Pelz war weg! Das konnte nicht sein! Sie sah links herum, sie sah rechts herum – aber der Pelz war und blieb verschwunden. Ob ein vierfüßiges Erdentier damit fortgelaufen oder ein gefiederter Himmelsvogel damit weggeflogen war? Sie konnte es nicht sagen.«

Die Mosfrau lebt also alleine, abseits jeglicher gesellschaftlicher Einbindung, »*Tief im Dunkel des Waldes in einer einsamen Hütte* ...«. Dieser Beginn zeigt uns schon, dass sie mit der schamanischen, der ›entrückten‹ Lebensweise vertraut ist. Sie ist also eine Frau, die die geheimen, inneren Welten kennt, die kosmischen Gesetzmäßigkeiten; eine Frau, die mit ihrer Seele und der Natur im Einklang lebt und mit ihrem Unbewussten in Kontakt treten kann. Sie weiß um ihre eigenen Tiefen so genau, dass sie darin zuhause ist. Astrologisch gesehen zeigt sich uns hier ein Mond-Neptun-Thema.

ANWENDUNG IN DER PRAXIS

Aber trotz dieser Verbundenheit bleiben auch ihr, wie jedem von uns, schwerwiegende Erfahrungen und tief greifende Entwicklungen nicht erspart. Das ist tröstlich, auch oder gerade, weil dies so manche illusionäre Seifenblase zerplatzen lässt, die in uns vielleicht die trügerische Hoffnung nährt, dass mit wachsender Erkenntnis und Bewusstwerdung negative Ereignisse in unserem Leben auszublenden wären oder schmerzhafte Erfahrungen gar nicht erst gemacht werden müssten. Zeigt es denn nicht, dass wir alle Suchende sind und den immerwährenden Kreisen unserer ganz individuellen Evolutionsspirale folgen? Und folgt daraus nicht, dass Fehler gemacht, Schwächen gezeigt und Umwege gegangen werden dürften?

Die Mosfrau ist also Schamanin und wird für uns zur Lehrerin und Führerin in die Tiefen unserer Seelen, aber gerade eben nicht durch ihre Überlegenheit und ihr Wissen, sondern vielmehr durch die Fähigkeit, ihren Kummer, ihre Trauer und ihre Hilflosigkeit zu zeigen und - aufgefordert durch den Schmerz der neuen Erfahrung - den Mut sich auf die Reise in neue, unbekannte Bereiche zu machen. Denn wie bei jedem von uns, braucht es am Ende einen Auslöser, einen Wink des Schicksals, der durchaus manchmal ein Schlag sein kann, damit wir uns vom Guten und Gewohnten lösen und neue Wege suchen.

Schritt 1 - der Verlust des Gewohnten

Die Mosfrau hängt ihren Pelz nach draußen, ein Symbol für den Mond im Horoskop und damit für Identität. Es ist der Pelz ihrer Mutter, den sie seit 20 Jahren besitzt. Die Identität ihrer Mutter ist also zu ihrer eigenen geworden und es mag Zeit sein, dass eine Ablösung stattfindet, um eine eigenständige Persönlichkeit auszubilden. *»Mag er ein Weilchen an der Sonne trocknen«,* denkt sie sich und zeigt damit, dass sie wohl schon instinktiv spürt, dass in ihrem Leben nun neues Bewusstsein und ein frischer, uranischer Wind nötig sind. Dennoch liegen hier - wie in den meisten Fällen - intuitives Erahnen neuer Lebensaufgaben und die Bereitschaft, das gesamte, gewohnte und heimelig gewordene Leben aufzugeben und hinter sich zu lassen, weit auseinander.

Die Mosfrau hat also bisher gar keine eigene Identität und sie scheint sie auch nicht zu vermissen. Ihr Mond ist unerlöst. Deshalb mag es an der Zeit sein, sich von der Mutter zu lösen. Sie muss also vom Mond der Mutter weg zum eigenen Mond finden. Ablösungen sind schmerzhafte Erfahrungen, die uns, genau, wie die Mosfrau, oft völlig unvorbereitet treffen. Ihr Leben, das sie sicher eingehüllt in den Pelz der Mutter geführt hatte, war wohl in Ordnung gewesen, es war geborgen und bequem. Ein sicheres Nest zu verlassen ist schwer und so zwingt uns häufig das Schicksal eine Veränderung auf, wie hier auch der Mosfrau. Das geschieht aber nicht, weil wir etwas falsch gemacht haben oder uns bewusst einer Entwicklung verweigert hätten. Es geschieht, weil wir neue, bisher unbekannte Anteile in unsere Persönlichkeit integrieren müssen. Und nicht zuletzt, weil Schmerz ganz einfach zum Leben gehört.

Wenn Saturn, Uranus, Pluto oder Neptun unserem Radixmond begegnen, ereignen sich häufig Dinge, die unsere emotionale Geborgenheit einfrieren, zerstören oder auflösen. Solche Prozesse sind schwer und lösen eine Trauer aus, die immer in einem langwierigen Prozess zu bearbeiten ist.

Wenn uns aber ein solcher Schicksalsschlag trifft, sind wir weit entfernt von einer höheren Einsicht. Wir verstehen nicht, was geschehen ist. Wir möchten das Gewohnte und Geliebte zurück und hadern im wahrsten Sinne mit unserem Schicksal. Aber genau dieses Nicht-Verstehen führt am Ende dazu, dass wir uns auf die Suche machen.

Auch die Mosfrau ist irritiert und weiß im ersten Moment des Erkennens nicht, was geschehen ist. Sie weiß nicht, *ob »ein vierfüßiges Erdentier damit weggelaufen oder ein gefiederten Himmelsvogel damit fortgeflogen ist.«*

Die Frage, die sich die Mosfrau also stellt, ist: Ist der Auslöser, also der Grund für das Ereignis, in einer materiell begründeten Ursache zu finden, die sie vielleicht selbst verschuldet hat (›vierfüßiges Erdentier‹ /

Schritt 1 - der Verlust des Gewohnten

Saturn) oder ist es eine spirituelle Herausforderung (›gefiederter Himmelsvogel‹ / Uranus) und somit ein Fingerzeig von oben, vielleicht sogar eine Strafe des Himmels? Sie weiß darauf keine Antwort und wie so oft, wenn wir die höheren Zusammenhänge noch nicht verstehen können, glauben wir, es wäre an uns gelegen, dem Schicksal eine andere Wendung zu geben. An sich selbst zu zweifeln ist oft die erste Reaktion auf einen Verlust oder ein anderes schmerzhaftes Ereignis.

4.2.1 Anklage, Selbstvorwürfe und Schuldgefühle

»Schließlich fing die Mosfrau an zu klagen: ›Oh weh! Mein Pelz! Der schöne Pelz ist weg. Er war das Einzige, was mir von meiner Mutter noch geblieben war. Sie selbst hat ihn genäht – Oh weh! 20 Jahre war er alt und noch nicht zerrissen und nicht zerschlissen – oh weh! Er ist fort. Ach, hätte ich ihn nur nicht nach draußen getragen, hätte ich das nur nicht getan!‹ So jammerte und klagte sie und wusste sich in ihrem Kummer gar nicht zu trösten.«

Die Mosfrau gibt ihrer Trauer Ausdruck. Sie beklagt ihr Schicksal und macht sich Selbstvorwürfe, wie es in schweren Verlustsituationen durchaus normal ist. In unserer Trauer werden wir immer hin- und hergerissen zwischen Verzweiflung und Schuldgefühl. »Hätte ich dieses oder jenes nicht getan« (»hätte ich den Pelz nicht nach draußen getragen«).

Es fehlt uns an der Einsicht, dass es letztendlich die Erfahrung ist, die wir durchleben und auch begreifen müssen, um uns weiterentwickeln zu können. Wir glauben, durch anderes Verhalten hätten wir das Ereignis verhindern können. Wir erkennen nicht, dass die Energien (bzw. die durch sie angezeigten Kräfte) größer sind, als unsere Entscheidungsfähigkeit. Ein Schicksal zu akzeptieren, dass nicht von unseren Vor-

Schritt 1 - der Verlust des Gewohnten

stellungen und Handlungen geleitet und beeinflusst werden kann, ist eine der größten Herausforderungen unserer Zeit geworden. Dies hat nichts mit blindem Fatalismus zu tun. Es bedeutet nur, sich zu beugen vor bedeutenderen Mächten, als es die menschlichen sind.

In einer Zeit der größten technischen Errungenschaften, in der der Gencode geknackt ist und der Personal Trainer uns klarmacht, dass wir alles können, was immer wir wollen, wenn wir nur den richtigen (positiven) Denkvorgaben folgen, uns nach der richtigen Diät ernähren oder das entsprechende Fitnessprogramm absolvieren, erscheint es fast lächerlich, dass wir alle am Ende doch nicht imstande sind, ein gesundes, krisenfreies Leben zu führen.

Hinzukommt, dass die meisten von uns von Kindheit an die Erfahrung von herber Kritik und Infragestellung machen mussten, sei es durch unsere Eltern, Geschwister, Lehrer oder durch religiöse und gesellschaftliche Vorschriften und Moralvorstellungen.

Aber auch, wer nicht mit dieser Kritik aufgewachsen ist, wer dazu neigt, jegliche Verantwortung an Entwicklungen in anderen zu suchen, ist nicht frei von Überlegungen und Fragen nach Ursache und Schuld. Es ist ein psychologisches Phänomen, dass nach jedem Zugunglück oder Flugzeugabsturz nach einem Verursacher gesucht wird, nach jemanden, der einen Fehler begangen hat, um ihn anzuklagen. Wir können uns nicht in

Demut davor beugen, dass es Unfälle jeglicher Art immer geben wird. Es mag uns in der illusionären Vorstellung bestärken, dass wir, wenn wir diese Fehler vermeiden könnten oder zumindest im Nachhinein die vermeintlich Schuldigen strafen, auch vor Unglück verschont blieben.

Diese Haltung ist nicht neu. Bereits die Bibel kennt den Begriff des ›Sündenbockes‹. ›Jom Kippur‹ wurde der Tag der Sündenvergebung genannt, an dem der Hohepriester die Sünden des Volkes Israel offenbarte und sie symbolisch durch Handauflegen auf einen Ziegenbock übertrug, der dann in die Wüste geschickt wurde. »*Der Bock ... soll lebend vor den Herrn gestellt werden, um für die Sünden zu dienen.*« (Lev. 16).

Ein kluger psychologischer Trick: Wer einen Schuldigen hat, braucht weitere negative Wirkungen nicht zu fürchten. Und am besten ist es doch, wenn wir diese Schuld auf jemand im Außen übertragen - ob der nun etwas dafür kann oder nicht, spielt keine Rolle.

Unbewusst verhalten wir uns jedoch oft so, dass wir uns selbst zu diesem Sündenbock machen. Wir klagen uns an, so wie es auch die Mosfrau tut, wir wünschten uns, wir könnten die Zeit zurückdrehen, um das, was geschehen ist ungeschehen zu machen und bürden uns dadurch eine Last auf, die wir zu tragen gar nicht im Stande sind. Damit setzen wir uns der Gefahr aus, an

Schritt 1 - der Verlust des Gewohnten

dieser Schuld zu erkranken. Unzählige psychosomatische Krankheiten, Depressionen, Angst und Panikattacken haben ihre Ursache in unbewussten, nicht bearbeiteten Schuldgefühlen.

Niemand hat Macht über unser Schicksal und niemand - auch wir selbst nicht - ist imstande diesem Schicksal eine andere Richtung zu geben.

Als Erstreaktion auf eine Verlustsituation mag dies ein völlig normales Verhalten sein. Auf dem Weg durch die Trauer ist es zeitweise sicherlich auch verständlich und zum Teil legitim, anderen die Schuld zu geben und Aggressionen zu entwickeln. Das kann, wie wir wissen, ein wichtiger psychischer Mechanismus sein, um die Trauer zu durchleben. Wesentlich dabei ist aber, dass wir an einem bestimmten Punkt wieder bereit sind, die Vorstellung von Schuld aufzugeben und uns auch in unserer Trauer weiter bewegen. Dies gilt im Grunde sogar dann, wenn der Verlust tatsächlich durch eine Verfehlung oder einen kriminellen Akt verursacht wurde. Wir werden erst dann Frieden mit uns selbst und mit dem Verstorbenen/Verlassenden finden, wenn wir bereit sind, uns von der Schuld - unserer eigenen oder auch der fremden - zu lösen. Vergebung ist ein großer Seelenakt, der uns am Ende selbst befreit. Sie ändert zwar nicht die Vergangenheit, aber sie beeinflusst unsere Zukunft entscheidend. Diese Erfahrung müssen auf schmerzhaftem Weg alle Hinterbliebenen machen,

ANWENDUNG IN DER PRAXIS

deren Angehörige Opfer von Gewaltverbrechen geworden sind.

Die Grundstellung Saturns und seiner Aspekte in unserem Horoskop zeigen uns, wie leicht oder schwer wir uns diesem ›Loslassen‹ von Schuld und Schuldzuweisung stellen können. Aber sie zeigt uns auch, welche Blockaden oder erzieherischen Programme uns daran hindern, von alten Denkmuster zu lassen. Hier können wir in der astrologischen Praxis ansetzen. Wie geht ein Mensch mit dem Thema Schuld um? Welche früheren Erfahrungen hat er gemacht? Und wurde ihm selbst auch oft Schuld an Ereignissen gegeben, gegen die er sich jetzt zur Wehr setzt?

Im Umgang mit Schuldgefühlen hilft im Grunde nur, sich ihnen zu stellen. Sie bewusst zu machen, auszusprechen, was uns belastet, wie es auch die Mosfrau tut. Durch das Aussprechen können wir reflektieren, betrachten und erkennen, ob unsere Selbstvorwürfe und Anklagen berechtigt sind oder nicht. Dieses Aussprechen verhindert auch, dass wir diese Schuld oder auch die Anklage einem Schuldigen gegenüber verdrängen. Dies hätte nämlich nichts mit wahrhafter Vergebung zu tun. Wir müssen überprüfen, ob evtl. Glaubenssätze - religiöser oder esoterischer Art - den Klienten oder auch uns selbst dazu drängen, die negativen Gefühle, die während einer Krise auftauchen, zu unterdrücken und zu verleugnen. Vergebung kann nur im

Schritt 1 - der Verlust des Gewohnten

Herzen stattfinden; nicht im Kopf! Sie ist ein Prozess des Loslassen und der bedingt das vorherige Durchleben dieser Gefühle.

4.2.2 Leugnen und Nicht-wahrhaben-wollen

Wir wir gesehen haben, verläuft Trauer in unterschiedlichen Phasen. Das ›Nicht-wahrhaben-Wollen‹ oder ›Leugnen‹ dessen, was geschehen ist, ist im Grunde nichts anderes, als eine Selbsterhaltungsreaktion der Seele. Schmerz und Leid können bei Verlusten so groß sein, dass sie scheinbar nicht zu ertragen sind.

Ratschläge, wie ›das Schicksal lädt dir nicht mehr auf, als du tragen kannst‹ sind Zeichen dafür, dass wir den Anderen in seinem Leid nicht wahrnehmen und auch nicht respektieren. Sie dienen vielleicht unserem eigenen Seelenfrieden, aber sie führen zu weiteren Verletzungen und zwingen den Trauernden dazu, sich noch mehr zurückzuziehen und sich abzuschotten.

Genauso wenig zielführend ist es aber, wenn wir den Ratsuchenden mit aller Konsequenz dazu zwingen möchten, der Wahrheit ins Auge zu sehen. Auch derartige Intensionen sind in akuten Trauerfällen nicht nur völlig fehl am Platze, sie zeugen auch von mangelnder Empathie. Natürlich können und sollen wir das Leid des Anderen nicht herunterspielen, aber wir müssen Verständnis dafür entwickeln, dass ein Mensch in einer Krisensituation nicht permanent in der Lage ist, die gesamte Tragweite seines Verlustes zu realisieren.

In schwierigen Lebensphasen zählt in manchen Momenten nicht so sehr die Wahrheit – vor allem

Schritt 1 - der Verlust des Gewohnten

dann, wenn es die Wahrheit ist, die wir als Astrologen aus dem Horoskop herauszulesen glauben – es zählt mehr die Wirklichkeit des Klienten. Nicht das, was scheinbar *wahr* ist, sondern das, was *wirkt*, wird den Blick öffnen für neue Perspektiven. Hoffnung zu nähren und nicht sie zu zerstören heißt aber sicher nicht Illusionen nähren, nachdem Motto ›Alles wird gut!‹ oder ›Er kommt zurück zu dir‹, sondern heißt, dem Anderen die Zeit zu geben, die seine Seele braucht, um mit einem Verlust fertig zu werden. Hoffnung nähren heißt auch zunächst zu akzeptieren, dass in diesem Moment die Erkenntnis des Verlustes einfach nicht tragbar ist.

Auch die Mosfrau zweifelt im ersten Moment an ihrer Wahrnehmung.

»*Der Pelz war weg. Das konnte nicht sein. Sie sah links herum, sie sah rechts herum ...*«

Dieses Zweifeln, die Hoffnung darauf, dass das schlimme Ereignis gar nicht geschehen sei, dass dies alles vielleicht nur ein böser Traum sei, gibt der Seele Zeit, in der sie sich der Akzeptanz dessen, was geschehen ist, langsam annähern kann.

Ein guter Trauerbegleiter wird in einer solchen Situation beistehen, ohne falsche Illusionen zu wecken. Er wird zuhören, er wird da sein. Aber er wird auf keinen Fall mit dem Holzhammer auf die vermeintliche Realität pochen.

ANWENDUNG IN DER PRAXIS

Wir alle leben in einer Welt der hohen, sozialen Anforderungen. Viele unserer Probleme sind im Grunde hausgemacht, dennoch können wir nicht einfach so aussteigen aus unserem Hamsterrad der Gewohnheiten und neue Wege gehen - nicht einmal dann, wenn es um neues Denken oder neue Bewusstwerdung geht. Häufig weiß der Verstand, was richtig ist, aber unsere inneren, seelischen Ängste verhindern, dass wir auch danach handeln. Jeder von uns ist ständig auf Leistung und Erfolg getrimmt. Trauer, Verlust, Rückzugsphasen passen nicht in dieses System. Krisen werden in unserem sozialen Kontext meist gleichgesetzt mit persönlichem Versagen. Positives Denken scheint der Schlüssel zum Erfolg. Dass dies ein reiner Trugschluss ist, der mit den lebendigen Prozessen einer ganzheitlichen Entwicklung nicht vereinbar ist, wollen wir nicht wahrhaben. Die Vorstellung, selbst Macht über unser Glück und Unglück zu haben, ist zu verführerisch. Und auch, wenn das Leben uns immer wieder eines besseren belehrt, überzeugen uns diese neo-spirituellen oder psychologischen Glaubenssätze viel zu sehr, als dass wir davon lassen könnten.

Wenn wir uns also schon in unserer alltäglichen Lebenausrichtung derartigen Illusionen hingeben, ist es doch gar nicht verwunderlich, wenn wir in Zeiten der Not zu weiteren Ausflüchten und Verdrängungen greifen.

4.2.3 Konfrontation des Unabwendbaren

»*So jammerte und klagte die Mosfrau und wusste sich in ihrem Kummer gar nicht zu trösten. Schließlich ging sie zurück in ihre Hütte. Aber sie konnte keine Ruhe finden. Die ganze Nacht wälzte sie sich ruhelos auf ihrem Lager.*«

Nach all den mühevollen Versuchen, das Geschehene ungeschehen zu machen, den Anklagen und Selbstvorwürfen, kommt unweigerlich der Prozess der Akzeptanz. Trotz allen Schmerzes sehen wir ein, dass wir keine Macht über das haben, was uns widerfahren ist. Die Mosfrau »*jammert und klagt*« und drückt so ihren Schmerz und ihren Kummer aus, sie frisst ihn nicht in sich hinein und das ist ein erstes Zeichen des heilsamen Umgangs mit der Trauer.

Wer schon als Kind nicht gelernt hat, seinen Schmerz zu offenbaren, weil der Vater dies vielleicht als Schwäche ansah (Sonne/Saturn) oder dessen Mutter darauf mit einem noch viel größeren Schmerz antwortete (Mond/Neptun) wird sich schwer tun, seine Trauer mitzuteilen.

In jeder Krise kommt der Moment, in dem wir uns auf uns selbst zurückziehen, um zu realisieren, was geschehen ist. Diesen Rückzug auf die mondischen Anlagen nimmt auch die Mosfrau vor. Sie geht zurück in ihre Hütte und weint, bringt ihre Gefühle in Fluss und lässt sie heraus.

Wer seine Gefühle nicht zeigen kann, aus welchen Gründen auch immer, hat vielleicht andere Mechanismen mit Schmerz umzugehen. In unserer Gesellschaft ist lautes Klagen und Weinen nicht angesehen - es wirkt für uns eher theatralisch und oft aufgesetzt. In anderen Kulturen ist es durchaus angebracht, den Schmerz durch lautes Rufen, Schreien und Gestikulieren nach außen zu bringen.

Die Art, wie wir unseren Kummer ausdrücken, ist also nicht nur von unserer individuellen Erziehung abhängig, sondern auch von unserer kollektiven und sozialen Prägung. Rückzug kann deshalb eine erste sinnvolle Reaktion sein, die Trauer zu zeigen, sich einzugestehen, was wirklich geschehen ist und dieses ›Sich-Eingestehen‹ muss nicht immer mit der Haltung übereinstimmen, die ein Trauernder nach außen trägt.

Die Mosfrau zeigt uns hier eine wichtige Reaktion. Wir brauchen diesen Moment des ›All-Ein-Seins‹, des Rückzugs, die Möglichkeit, das zu tun, wonach uns ist - weinen, klagen, toben oder auch schlafen, um wieder mit uns selbst in Kontakt zu treten und Klarheit zu erlangen, für den nächsten Schritt.

Schritt 1 - der Verlust des Gewohnten

Die Mosfrau findet in diesem Prozess keine Ruhe. Die ganze Nacht wälzt sie sich auf ihrem Lager. Erst am nächsten Morgen regt sich wieder neues Leben. Erst, wenn wir den Schmerz zulassen, schöpfen wir letztendlich neue Hoffnung und die nötige Kraft, die nächsten Schritte zu tun.

Die Absicht der Mosfrau ist es zwar immer noch, den Pelz zu finden, ihn wieder in Besitz zu nehmen. Sie weiß also nicht, oder will es einfach nicht wissen, dass er unwiederbringlich verloren ist. Neptunische Illusion nimmt sie sanft in den Arm. Sie glaubt, wie wir alle glauben, dass das Vergangene wiederkommen wird, wenn wir noch nicht bereit sind, es loszulassen. Und bereit sind wir im Grunde solange nicht, solange sich nicht die Hoffnung auf eine neue Lebensausrichtung einstellt.

Illusion ist also mitunter eine durchaus heilsame Angelegenheit. Hätte die Mosfrau nicht den Glauben daran, dass sie ihren Pelz wieder finden wird, würde sie sich vielleicht gar nicht auf den Weg machen. Sie würde sich nicht aus ihrer schwierigen, einsamen Situation befreien.

Wenn wir nicht mehr haben können, was uns lieb und teuer geworden ist, ohne das wir - wie wir glauben - gar nicht leben können, wozu dann auch? Neptuns Schleier ist eben auch hilfreich und heilend.

4.3 Schritt 2 - Aufbruch

»Ganz früh am anderen Morgen aber schon stand sie auf, aß und trank, aber soviel sie aß, soviel weinte sie auch. Dann band sie sich ihr Kopftuch um und verließ die Hütte. Sie wanderte, so weit ihr Auge schaute. Sie wanderte wohl eine lange Zeit, sie wanderte wohl eine kurze Zeit. Als sie spürte, wie ihre Kräfte schwanden, da sah sie vor sich eine Hütte, die auf drei Beinen stand und aus deren Kamin Rauch zum Himmel stieg. Sie trat vor die Tür und klopfte an.«

Gestärkt durch eine neue Hoffnung steht die Mosfrau auf, um sich auf den mühseligen Weg durch ihre Trauer zu machen. Frauen und Männer im Märchen, die sich auf eine Heldenreise begeben, brechen immer frühmorgens auf. Dies heißt nichts anderes, als dass sie ihre individuelle Marsenergie bzw. die Kraft ihres Aszendenten aktivieren, um für die anstehenden Handlungen das Licht des erwachenden Bewusstseins (Sonne) vom ersten Strahl an nutzen zu können.

Aber ehe die Mosfrau aufbricht, isst und trinkt sie und bindet sich ein Kopftuch um.

Trotz all ihres Schmerzes hat sie also nicht vergessen, für ihre eigenen Bedürfnisse zu sorgen. Sie will behütet sein, für den Weg der vor ihr liegt und gestärkt.

ANWENDUNG IN DER PRAXIS

Deshalb das Kopftuch und deshalb isst und trinkt sie - aber, wie das Märchen uns verrät, »*soviel sie auch aß, soviel weinte sie auch*«.

Menschen, die trauern, versäumen es häufig, auf ihre grundlegenden Bedürfnisse zu achten. Sie vernachlässigen sich, sie essen nicht mehr, sie trinken nicht mehr genügend, weil sie durch den Verlust all ihren Lebensmut und ihren Lebenswillen verlieren. Das Leben hat für sie Sinn und Inhalt verloren und sie sind überzeugt davon, dass sie kein Recht darauf haben, es sich gut gehen zu lassen.

Die Mosfrau aber weiß, dass Trauer Kraft braucht und sie führt sich diese Energie zu, auch, wenn sie sie sogleich wieder verliert.

Gestärkt und beschützt durch ihr Kopftuch macht sich die Mosfrau also auf den Weg und »*wanderte wohl eine lange Zeit und wanderte wohl eine kurze Zeit*«. In der Trauer hebt Saturn die Schranken der Zeit auf. Wir können nicht ermessen wie lange wir brauchen um einen Prozess von A nach B zu durchlaufen und wie viel Energie uns das kosten wird. Die Seele hat ihren eigenen Rhythmus. Sekunden werden zu Ewigkeiten, wenn Trauer uns umfängt. Es spielt auch keine Rolle, wie viel Zeit wir brauchen, um mit einen Verlust fertigzuwerden. »*Dem Glücklichen schlägt keine Stunde*«, verrät uns ein altes Sprichwort, aber auch der

Schritt 2 - Aufbruch

Trauernde bewegt sich jenseits jeder zeitlichen Begrenzung.

Erst, als sie merkt, dass ihre Kräfte schwinden, sieht die Mosfrau vor sich eine Hütte stehen. Ihr Auge fällt nun, da ihre Kräfte aufgezehrt sind und sie erschöpft ist, endlich wieder auf ein Ziel.

Erst, wenn wir all unsere Tränen vergossen, wenn wir genügend geschrien oder geweint oder uns auf welche Art auch immer, dem Schmerz hingegeben haben, wenn der Körper müde ist und die kreisenden Gedanken in unserem Kopf wieder zur Ruhe kommen, sind wir in der Lage, wieder neue, andere Impulse aufzunehmen.

Sie geht zur Hütte und bittet um Einlass. Der erste Schritt dazu, Hilfe zu erbitten, kommt also von ihr. Sie signalisiert, dass sie jetzt soweit ist, mit anderen über ihren Verlust zu sprechen, vielleicht auch, einen Rat oder eine Anregung anzunehmen.

Der Umgang mit Trauernden ist immer eine sehr sensible Angelegenheit. Im Grunde wissen wir als Aussenstehende nie so genau, wie wir uns verhalten sollen. In kaum einer anderen Lebenssituation ist von uns so viel Feingefühl und so viel Empathie im Erspüren der Grenze zwischen Nähe und Distanz erforderlich.

Wer trauert, ist nicht immer in der Lage Zuspruch anzunehmen. Dennoch ist es für ihn wichtig, zu wissen,

ANWENDUNG IN DER PRAXIS

wann und wo er Unterstützung findet, wenn er sie braucht. Wir können in diesen Situationen immer nur Angebote machen und versuchen, die Signale, die ein Trauernder aussendet, aufzunehmen und richtig zu deuten. Wir können aber nicht von einer Reaktion auf die nächste schließen. Trauer beinhaltet auch immer emotionale und mentale Schwankungen.

Die Hütte, zu der die Mosfrau findet, steht auf drei Beinen und aus ihrem Kamin steigt Rauch zum Himmel auf.

Das Haus, das die Mosfrau erreicht, ist also bewohnt und das zeigt uns, dass sie nun endlich bereit ist für einen ersten Kontakt mit dem Lebendigen. Auf drei Beinen steht die Hütte, d.h. ihre Bewohner sind auf der Körper-Seele-Geist-Ebene gut geerdet. Die Drei ist eine heilige Zahl, von der sich nicht nur der christliche Begriff der ›Heiligen-Dreifaltigkeit‹ ableitet. Sie symbolisiert die Vollkommenheit, die Lebensphasen ›Geburt - Entwicklung - Tod‹ und somit die Zyklen des Mondes. Im Tarot steht die 3. Karte, ›die Herrscherin‹, für alles Fruchtbare, Mütterliche, für Üppigkeit und Fülle. Wer 3x auf Holz klopft beschwört Jupiter und damit sein Glück und im Horoskop gilt ein Trigon als harmonisch-ausgleichender Aspekt. Die drei keltischen Bethen (beth = immerwährend, ewig) sind die Hüterinnen der Lebensmysterien. Die weiße, die rote und die

Schritt 2 - Aufbruch

schwarze Frau sind die Spinnerinnen, von denen eine den Lebensfaden spinnt, die zweite ihn bemisst und die dritte ihn schließlich abschneidet. Wer dieses Wissen um die immerwährenden Rhythmen des Lebens besitzt, hat gute Voraussetzungen dafür, einen Trauernden in seinem Haus zu empfangen.

Aber auch zu den geistigen/kosmischen Welten scheint es hier eine gute Verbindung zu geben, wie uns der aufsteigende Rauch verrät. In vielen Kulturen - ob der kirchliche Weihrauch im Christentum oder Räucherstäbchen im Taoismus, Hinduismus oder Buddhismus und auch bei den Indianern und anderen Naturvölkern - gilt Rauch als Opfergabe bzw. Verbindungsmittel zu den spirituellen, göttlichen Welten. Der beste Ort also, den die Mosfrau sich in ihrer Trauer suchen konnte. Hier finden individuelle Verwurzelung und spirituelles Urvertrauen einen gesunden Ausgleich.

ANWENDUNG IN DER PRAXIS

4.3.1 Nützliche Helfer

»... Eine Frau öffnete: ›Wer bist du, Herrin, und was willst du?‹
›Kennst du mich nicht? Ich bin es, die Mosfrau aus der einsamen Hütte!‹
›Schwester! Was ist dir geschehen?‹ Sie führte die Mosfrau ins Haus und ließ sich ihren Kummer erzählen.«

Die Bewohnerin ist eine Schwester der Mosfrau, eine Seelenverwandte also. Aber sie wird beim Öffnen der Hütte nicht als eigene Schwester erkannt. Eine seltsame Vorstellung: Wir begeben uns in unserem größten Schmerz zu einer Person und erhoffen uns Beistand und Zuspruch, aber sie erkennt nicht unsere Situation. Woran kann das liegen?

Trauer verändert uns, sie bringt Verhaltenweisen an den Tag, die wir sonst nicht zeigen. Totale Verschlossenheit, Wut, Zorn und Angst wechseln sich ab. Wir sind angriffslustig und verletzlich zugleich. Wir erkennen selbst nicht, wie sehr wir andere durch diese Stimmungsschwankungen verletzen können. Und wenn wir es sehen, erscheint es uns mitunter als gerechter Ausgleich dafür, dass der Andere unseren Schmerz nicht zu erleiden hat. Trauer offenbart oft unsere unschöne, zerstörerische Seite.

Schritt 2 - Aufbruch

Für die Menschen unserer Umgebung ist es deshalb nicht einfach, mit diesen Veränderungen umzugehen.

Gut, dass die Schwester im Märchen über eine sichere individuelle und auch spirituelle Verankerung verfügt. Das macht sie stark für den Trost, den sie nun zu spenden hat.

»Die Schwester hörte zu. Dann gab sie der Mosfrau zu essen und zu trinken. Aber soviel die Mosfrau auch aß, soviel weinte sie auch.«

Die Schwester lässt sich erzählen vom Verlust. Sie führt die Mosfrau ins Haus, küsst sie, gibt ihr zu essen - aber: *»... soviel die Mosfrau auch aß, soviel weinte sie auch«*. Sie gibt ihr die Wärme und den Raum, das zu tun. Sie leiht ihr Ohr und sorgt für nötige Nahrung.

Dies alles sind wohl Dinge, die für einen Trauernden in jedem Fall von größter Bedeutung sind. Angenommen werden, erzählen dürfen - auch, wenn es zum wiederholten Male ist, spendet Trost. Dabei ist es wichtig, wie es auch die Schwester tut, einfach nur zuzuhören und da zu sein. Wer sich selbst zu einem Gefäß macht, um den anderen aufzunehmen, braucht gut ausgebildete Mondanlagen, die ihm eine gefestigte Identität verleihen und von deren Stärke und Kraft er nicht nur sich selbst, sondern auch andere nähren und umsorgen kann. Natürlich braucht ein Helfer oder Beistand aber

ANWENDUNG IN DER PRAXIS

auch einen gut gestellten Neptun, damit er sich überhaupt empathisch in die Situation und den Schmerz des anderen hineinfühlen kann.

Und genau hier zeigt sich die Ebene, auf der wir die Qualität dieses Planeten leben. Hier wird deutlich, ob wir zum Wegbegleiter werden oder zum Blinden, der den Lahmen führt. Neptun, so sagt man, ist die höhere Frequenz des Mondes. Wer über schwache Neptunanalgen verfügt ist bestenfalls ein »hilfloser Helfer« und kann anderen in Krisenzeiten nicht wirklich eine Stütze sein. Die Motivation zu helfen und zu raten mag auf vielerlei Ebenen entstehen, es ist unsere Aufgabe als Astrologen, diese auch immer wieder zu überprüfen. Wir müssen uns fragen, ob wir wirklich bereit sind, im Sinne des Klienten zu raten oder, ob wir unserer eigenen Eitelkeit dienen, ob wir vielleicht die Hilflosigkeit des Anderen brauchen, um unsere inneren Defizite zu kompensieren. Sind wir abhängig von der Dankbarkeit und der Anerkennung unserer Klienten? Nur wer sich über seine innere Haltung bewusst ist, kann ein guter Ratgeber und Begleiter sein, der am Ende auch dazu in der Lage ist, den Klientin wieder auf seinen eigenen Weg zu entlassen.

Die Schwester verfügt, wie wir gesehen haben, über gut ausgebildete Anlagen. Dies zeigt uns schon der erste Blick auf ihre Hütte (Mond), in der sie lebt. Sie

Schritt 2 - Aufbruch

kann deshalb geben, weil sie hat. Sie weiß um ihre inneren Ressourcen und ist nicht darauf angewiesen auf Gegenleistung zu hoffen.

Mit dieser seelisch-mondischen Stabilität leistet sie eine nicht zu unterschätzende Erstversorgung, die nötig ist, damit sich die Mosfrau trotz allen Schmerzes überhaupt öffnen kann.

Auch bei ihrer zweiten Schwester findet sie die gleichen Bedingungen, d.h. die gleiche Bereitschaft, sie in ihrem Kummer anzunehmen und ihr den nötigen Raum zu geben, diesen auch mitzuteilen. Wer trösten will, muss sich zu gegebener Zeit auch selbst zurücknehmen können. Er darf keine Erwartungshaltung hegen und nicht aus dem Wunsch heraus agieren, für den anderen wichtig und unabkömmlich zu sein. Wer die Not anderer braucht, um sich selbst zu spüren, ist kein guter Helfer. Als solcher ist er nicht auf die Bestätigung angewiesen, wie gut und wertvoll seine Hilfe ist. Er ist frei von Erwartungshaltungen und ist in der Lage, für die Dauer der Begleitung oder Beratung seine eigene Bedürftigkeit in den Hintergrund treten zu lassen. Dies gilt im Grunde für jede Art von psychologischer und therapeutischer Arbeit. In der Trauerbegleitung ist diese Haltung jedoch eine unverzichtbare Grundlage.

ANWENDUNG IN DER PRAXIS

Wer mit Trauernden arbeitet, muss sich im klaren darüber sein, dass seine Anregungen und Tipps nicht unmittelbar auf fruchtbaren Boden fallen. Hier geht es in erster Linie darum, eine Situation zu schaffen, in der der Trauernde sich öffnen kann.

In der Trauer werden wir überrollt von unseren Gefühlen. Was gestern noch scheinbar klar und tröstend war, hat heute schon keine Bedeutung mehr und ist morgen vergessen. Deshalb ist es wichtig, dass wir in diesen Zeiten Gelegenheit haben, unserem Kummer, unserem Schmerz, unseren Selbstvorwürfen und unseren Zweifeln immer wieder Ausdruck geben zu können, ohne, dass unsere Umgebung sich genervt und überfordert von uns abwendet und ohne, dass sie versucht, all unsere Äußerungen in einen logischen Kontext zu pressen. Erst dann ist es möglich, Trauer wirklich in ihrer Tiefe zu bewältigen.

Die Schwestern der Mosfrau wissen das und im folgenden findet sie deshalb noch häufig Gelegenheit, über ihren Verlust zu sprechen.

»›Warte‹, sagte die Schwester, ›bis mein Mann, dein Schwager von der Jagd nachhause kommt, vielleicht weiß der ja einen Rat.‹

Schritt 2 - Aufbruch

Und bald darauf hörten die beiden Frauen, wie der Schwager laut polternd die Hütte betrat.«

Bisher haben wir uns dem Märchen auf der Objektebene genähert, d.h., wir haben alle Geschehnisse so betrachtet, wie die Geschichte sie vorsieht.

Wie wir es aus der Astrologie und ihren Planeten kennen, stellen auch im Märchen alle darin vorkommenden Personen aber immer auch Anteile unserer eigenen Persönlichkeit dar. Die Sonne symbolisiert sowohl unseren Vater, als uns selbst, der Mond die Mutter und unsere eigene Gefühlswelt, Merkur unsere Geschwister, aber auch unsere kognitiven Fähigkeiten usw.

Im Märchen sind, wie auch in der Astrologie oder der Traumdeutung, Menschen, die uns nahestehen, Verwandte oder Familienangehörige, als besonders enge und wichtige Persönlichkeitsanteile zu werten.

So kann man also - auf der Subjektebene betrachtet - die Begegnung der Mosfrau mit ihren Schwestern auch dahingehend deuten, dass sie sich ihrer inneren Stimme öffnet und in sich selbst Instanzen entdeckt, die ihr helfen das Geschehene zu verstehen, die sie trösten und nähren und die ihr - nicht zuletzt - kreative Eingebungen bescheren, die sie wieder handlungsfähig machen.

ANWENDUNG IN DER PRAXIS

»So viel die Mosfrau auch aß, soviel weinte sie auch«, lautet eine immer wiederkehrende Aussage dieses Märchens und wird damit zum Kernsatz. Die Mosfrau - sie selbst und ihre inneren und äußeren Helfer - wissen, das Trauerarbeit Kraft kostet und so lässt sie sich nicht verkommen. Sie nährt sich und drückt ihre Trauer aus. So schwer die Zeit auch sein mag, ihre gut ausgebildeten Mond-, Venus- und auch Merkur-Anlagen sagen ihr, wie es um ihre Ressourcen steht.

Nachdem sie sich alles von der Seele reden konnte und auch die nötige mondische Nahrung zu sich nahm, rät ihr die Schwester auf den Schwager zu warten: *»Vielleicht weiß der ja einen Rat.«*

Die Schwestern befinden sich hier also in der Rolle der passiven Zuhörerinnen. Sie sind diejenigen, die die Mosfrau mondisch umsorgen, ihr ein Lager richten, ihr zu essen geben. Die Männer sind es schließlich, die einen Rat erteilen, den es zu befolgen gibt.

Nun könnte man diese Verhaltensmuster auf eine typisch patriarchale Verteilung der Geschlechterrollen schieben und auf der Objektebene ist dies sicherlich auch so. Aber, wir bewegen uns ja weiterhin auf den Pfaden unserer inneren Persönlichkeitsanteile.

Schritt 2 - Aufbruch

In meinen Märchenseminaren fällt dieser Part einigen Teilnehmerinnen immer sehr negativ auf und wird mit Kommentaren wie ›genau, wie im richtigen Leben‹ oder ›ist ja wiedermal typisch‹ bedacht.

Wenn wir uns dieser Sequenz aber auf der Subjektebene nähern, wird recht schnell klar, dass es hier nicht zwangsläufig um die chauvinistische Auslegung patriarchaler Gewohnheitsrechte geht, sondern vielmehr darum, dass es unsere eigene weibliche Seite ist, unsere Mondanlage also, die uns nährt, versorgt und versteht und unsere männliche Seite, die Sonnenanlage, die uns mit klaren Überlegungen und Ideen in die Lage versetzt, tatkräftig und handlungsfähig unsere Probleme anzugehen.

Es geht nicht darum, der einen oder anderen Fähigkeit den Vorzug zu geben, sondern darum, beide sinnvoll und konstruktiv einzusetzen.

Der Schwager kommt also nachhause und die Mosfrau erzählt von ihrem Unglück.

»*Der Pelz ist gestohlen worden*«, sagt die Schwester und bringt damit die subjektive Gefühlslage zum Ausdruck. Niemand weiß, ob der Pelz wirklich gestohlen wurde, aber es scheint die einzige Erklärung, die im Moment das Gefühl beruhigt.

ANWENDUNG IN DER PRAXIS

»Fischend und jagend durchziehe ich das ganze toremgeschaffene Land. Wenn sie ihn auf meinen Wegen vorbeigetragen hätten, ich hätte ihn gesehen!«

Der Schwager vertraut seinem Gott Torem. Dieser hat, nach seiner Glaubensüberzeugung, das ganze Land geschaffen. Das Land also, das sein spirituelles Urvertrauen symbolisiert, dessen Wege er kennt. Er kennt keine anderen. In diesem, seinem Land ist er verwurzelt, wie die Schwestern in ihren Hütten. Die Erfahrungen der Mosfrau musste er noch nicht machen. Dennoch gibt er ihr aus diesem Vertrauen, dieser Religion (lat. ›religio‹ = die gewissenhafte Berücksichtigung, Sorgfalt in der Beachtung von Vorzeichen und Vorschriften[1]) heraus einen Rat. Er weiß, dass er der Mosfrau nicht zu ihrer verlorenen Ganzheit zurückverhelfen kann und er gibt das auch nicht vor. Aber durch sein Gottvertrauen weiß er, dass die Mosfrau im Moment nichts anderes braucht, als einen Anstoß, ein Hilfsmittel, das sie in die Lage versetzt, die nächsten Schritte auf ihrem Weg zu tun. Und genau damit gibt er ihr Trost und neue Hoffnung (Jupiter).

»›Gib deiner Schwester das Eichhörnchensommerfell‹, und zur Mosfrau sagt er: ›Geh zum anderen Schwager, du weißt schon, dem im fernen, einsamen Land. Vielleicht weiß der einen Rat.‹«

---

[1] Kluge etymologisches Wörterbuch. 24. erweiterte Auflage. Berlin 2002.

Schritt 2 - Aufbruch

Er bietet ihr für den Übergang eine Ersatzidentität. Das Eichhörnchensommerfell ersetzt nicht den verloren gegangen Pelz der Mutter und schon gar nicht den eigenen, der ja irgendwann, am Ende der Trauer, ihre neu entwickelte Identität (Mond) symbolisieren soll. Aber er schützt und wärmt sie auf dem Weg, den sie vor sich hat.

»Dann begaben sie sich zur Ruhe. Als die beiden Frauen am anderen Morgen aufstanden, hatte der Schwager das Lager längst verlassen und war zur Jagd gegangen.
Die beiden Frauen aßen und tranken, aber soviel die Mosfrau auch aß, soviel weinte sie auch. Schließlich band sie sich ihr Kopftuch um, verabschiedete sich von der Schwester und machte sich auf den Weg. Sie wanderte wohl eine lange Zeit, sie wanderte wohl eine kurze Zeit. Als sie spürte, dass ihre Kräfte schwanden, da sah sie vor sich eine Hütte, aus deren Kamin Rauch zum Himmel aufstieg. Sie klopfte an.«

Hier wiederholt sich im Grunde das gleiche Szenario, wie in der ersten Hütte. Auch hier wird sie zunächst durch die Veränderung, die die Krise mit sich bringt, nicht erkannt. Aber auch hier darf sie der Schwester erzählen, findet eine einfühlsame Zuhörerin und wird mit Essen versorgt.

Die Tränen sind immer noch nicht versiegt. Aber sie darf sie zeigen. Sie muss sich nicht schämen und nicht rechtfertigen, dass sie mit ihrem Trauerprozess noch nicht zu Ende ist.

Und schließlich kommt auch hier ein Schwager hinzu, der ihr mit Rat zur Seite steht. Gefühle und Gedanken können in wechselweiser Form ausgedrückt und relativiert werden und egal, wie oft sich dieser Prozess wiederholt, sie darf sich mitteilen. Es findet ein ständiges Hin- und Her-Pendeln statt, zwischen der Befriedigung der Bedürfnisse ihrer Seele nach Ruhe und Trost und der Unterstützung und Förderung des langsam wieder erwachenden Tatendrangs, der sie in die Lage versetzt, aktiv an ihrer weiteren Entwicklung mitzuarbeiten.

Schritt 2 - Aufbruch

4.3.2 Wichtige Werkzeuge

»*Ich will meinen Pelz wieder haben und wenn es mich das Leben kostet*«, sagt sie, nachdem ihre Geschichte auch dem 2. Schwager erzählt ist.
»›*Wenn du klug bist*‹, *sagte der Schwager,* ›*wird es dich nichteinmal deine Seele kosten.*‹
Und zu seiner Frau sagte er: ›*Gib deiner Schwester den Mardersommerpelz!*‹
Dann wandte er sich wieder an die Mosfrau: ›*Was hat dir der andere Schwager gegeben?*‹
›*Das Eichhörnchensommerfell.*‹
›*Nun, er wusste wohl, was er zu geben hatte. ...*‹ «

In Zeiten des Verlustes und der Trauer setzen wir oft alles aufs Spiel. Trauerzeit ist also immer auch eine gefährliche Zeit. Saturnische Einschränkungen, plutonische Wandlungen, neptunische Auflösungen oder uranische Umbrüche sind nicht berechenbar. Es lässt sich nicht sagen, wie wir sie überstehen. Je stärker die Anlagen der persönlichen Planeten ausgebildet sind, d.h., je gesünder unser Selbstbewusstsein, unsere Kreativität (Sonne), unsere Eigenidentität und Fähigkeit uns selbst zu versorgen (Mond), unsere intellektuellen und kognitiven Anlagen und unsere Analysefähigkeit (Zwillings- und Jungfrau-Merkur), unsere Selbstliebe (Stier-Venus), unsere Egokräfte (Mars) und nicht zuletzt unsere soziale Kompetenz und Beziehungsfähigkeit (Waage-Venus) ausgeprägt sind, umso stärker und belastbarer sind wir und um so mehr können wir in Krisenzeiten aus unseren Kraftquellen schöpfen. Und gesünder heißt in diesem Zusammenhang weder ein Zuwenig (Hemmung) noch ein Zuviel (Kompensation). Denn jedes Ungleichgewicht der persönlichen Planetenanlagen erschwert uns den Weg durch die Krise, da diese einerseits den Mangel verstärkt, andererseits aber auch jeden künstlichen Überbau sofort zum Einsturz bringt.

Die psychische Grundhaltung der Mosfrau ist zwar gut ausgeglichen und stabil, was sich darin zeigt, dass sie trotz Erschöpfung und Schmerz nicht vergisst zu essen und, dass sie in der Lage ist, sich zur richtigen Zeit die richtigen Hilfen zu holen. Sie sucht Menschen auf, die sie gut und respektvoll behandeln und sich nicht an ihrem Leid aufrichten oder ihr durch allzu kluge Rat-*Schläge* weitere Verletzungen zufügen. Dennoch ist sie bereit, ihr Leben zu geben, das für sie nach dem Verlust scheinbar keinen Wert mehr hat.

Das erkennen auch die beiden Schwager und wissen daher, was als nächster Schritt hilfreich ist.

Wenn der Schmerz des Verlustes so groß ist, dass Gefahr für die eigene Gesundheit besteht, muss eine Übergangslösung angeboten werden. Im akuten Trauerfall kann dies eine medizinische Behandlung sein oder auch eine therapeutische Begleitung.

Schritt 2 - Aufbruch

Beide Schwager bieten ihr Ersatz-Pelze an, mit denen sie ihre Reise fortsetzen kann. Der Erste ein Eichhörnchensommerfell. In der Mythologie ist das Eichhörnchen ein Symbol für die Verbindung zwischen den Welten, aber auch für Fruchtbarkeit. Durch seine Schnelligkeit und Geschicklichkeit, mit der es sich zwischen Baumkronen und Erde bewegt und die Fähigkeit, Vorräte anzulegen und einzuteilen, ist es dem Merkur (Zwillings- und Jungfraumerkur) zuzuordnen. Im Schamanismus gilt es als wichtiger Begleiter in Zeiten des Übergangs und der Veränderung, es bringt fruchtbaren Austausch und erinnert uns daran, auf unsere innere Stimme zu hören und uns um uns selbst zu kümmern, Ressourcen anzulegen und uns zu nähren. In seiner Eigenschaft als Sammler wird eine Analogie zum Prinzip der Stier-Venus erkennbar. Hier symbolisiert das Eichhörnchen auch die Fähigkeit zu Selbstliebe und Sinnlichkeit.

Also genau all jene Fähigkeiten, die die Mosfrau in ihrer Situation dringend braucht.

Der zweite Schwager erkundigt sich, was der erste gab. Er möchte sichergehen, dass sein Rat und seine Hilfen, die er bietet, sinnvoll sind und eine Ergänzung bieten zu dem, was die Mosfrau bereits besitzt. Er gibt ihr das Marderfell.

Der Marder als Raubtier steht für die marsischen Fähigkeiten unserer Psyche. Er zeigt uns, wann es nötig

ANWENDUNG IN DER PRAXIS

ist, wieder kraftvoll nach außen zu gehen, sich einzusetzen für die eigenen Belange. In der Mythologie, ebenso, wie in der Realität, genießt er kein hohes Ansehen. Er ist ein gefürchteter Jäger und Zerstörer. Aber in jedem innerseelischen Prozess kommt unweigerlich der Moment, in dem wir nach dem Rückzug wieder nach außen streben, uns kampfbereit zeigen, um uns zu holen, was uns unserer Meinung nach zusteht oder worauf wir, aus welchen Gründen auch immer, verzichtet haben. Diese marsischen Kräfte haben aber immer auch etwas mit unseren sexuellen, triebhaften Anlagen zu tun, ebenso wie mit unserer Fähigkeit uns zur rechten Zeit entsprechend durchzusetzen. Gerade diese kommen in Zeiten der Krise oft nicht richtig zum Einsatz.

Die beiden Männer sind also klug und vorausschauend in dem Rat, den sie geben. Sie bieten ihr Ersatzidentitäten für die verlorene an - jede zu ihrer Zeit und rüsten die Mosfrau so für die schwere Aufgabe, die vor ihr liegt. Und sie nimmt sie in ihrer Not dankbar an.

Sie weiß, dass diese Pelze nicht ihrer wahren Identität entsprechen, dennoch braucht sie Schutz, ohne den sie in dieser Situation nicht überlebensfähig wäre.

Wenn sich, in Zeiten schwieriger Transite, der Boden unter unseren Füssen aufzulösen beginnt, ist es nur

Schritt 2 - Aufbruch

legitim, in Rollen zu schlüpfen. Begegnungen zwischen persönlichen und kollektiven Planeten bewirken häufig, dass sich unser Ego und alles, was wir damit verbinden, in Nichts auflöst oder zusammenfällt, wie ein Kartenhaus.

Wenn der Transit vorüber ist, werden wir, im besten Falle, gestärkt daraus hervorgehen und wie Phoenix aus der Asche neu geboren sein. Auf dem Weg dorthin ist es aber nötig, dass alles, was in unserer neuen Persönlichkeit keinen Platz mehr hat, aufgelöst wird. In der Zeit der Wandlung, der Trauer und des Verlustes, wissen wir nicht, wer wir sind und auch nicht, wer wir hinterher sein werden; wir wissen nur, dass wir so, wie wir vor dem Transit waren, nicht mehr sein können. In dieser Phase der Auflösung müssen und werden wir auch mit möglichen Identitäten spielen - ob bewusst oder unbewusst. Wir können selbst dann oft gar nicht abschätzen, hinter welchen Masken wir unserer Umwelt begegnen. Dies ist in allen großen Veränderungsphasen unseres Lebens so.

Wenn unsere Mosfrau den Pelz (Mond) ihrer Mutter also aufgeben muss, weil er ihrer weiteren Entwicklung nicht mehr dienlich ist, muss sie testen, ausprobieren - und Merkur, Venus und Mars helfen ihr bei diesem Prozess, - welche Art von Pelz ihr passen würde und welche nicht.

ANWENDUNG IN DER PRAXIS

Mond-Anlagen sind wandelbar und brauchen Raum, um zu wachsen und sie gründen auf den jeweiligen Entwicklungsstadien der im Tierkreis vorstehenden Planetenenergien von Mars, Venus und Merkur. Nur, wer die Prinzipien der Häuser 1 - 3 verstanden und umgesetzt hat, wird sich im 4. Haus, dem Haus des Mondes verwurzeln können.

Dem Mond ist die Veränderung zugeordnet. Das Wort »Launen« wird nicht ohne Grund von »lunar - lunare« abgeleitet.

Dies ist auch wichtig zu wissen, wenn wir als Astrologen oder Trauerbegleiter einem Menschen während einer transformatorischen Pluto-, Saturn- oder Neptunphase über den Radixmond beistehen. Das Wissen um die astrologischen Zeitzyklen sollte zu allererst uns selbst in die Lage versetzen, zu verstehen, dass der Klient die Einsichten, die am Ende des Transites stehen, jetzt noch gar nicht begreifen kann. Hier ist jedem Ratsuchendem mehr geholfen, wenn wir ihn geduldig annehmen und einfühlsam abschätzen, was er im Moment am meisten braucht, was er annehmen kann und was nicht oder was ihn weiterführt und was nicht. Wir sind also im Grunde gefordert zu entscheiden, ob nun ein Eichhörnchensommerfell oder ein Marderpelz für den nächsten erforderlichen Schritt die bessere Hilfe darstellt.

Schritt 2 - Aufbruch

Beide Schwager sind als Jäger und Fischer erfahren. Der eine im Element Erde, der Welt der praktischen Erfahrungen und Empfindungen; der andere im Element Wasser, den verborgenen Bereichen unserer Seele und unserer Gefühle. Sie kennen jeden Weg in diesem toremgeschaffenen Land, so wie wir Astrologen die Vielfältigkeit und auch Widersprüchlichkeit der menschlichen Psyche kennen. Deshalb sind sie hilfreich.

Der zweite Schwager hat sogar noch einen besseren Rat für sie. Er sagt ihr »*Wenn du klug bist, wird es dich nicht einmal deine Seele kosten.*«

Und er fragt: »*Was hat dir der andere Schwager gegeben?*«

Er erkundigt sich also, welche Hilfsmittel sie bereits hat. Was dient ihr und was mag ihr noch fehlen? Auf welcher Ebene ist sie bereit, Hilfe anzunehmen? Erst, wenn sie gut gerüstet ist, für die nächsten Entwicklungsschritte, kann er ihr einen Rat geben, wie sie sich verhalten soll.

Er weist sie darauf hin, sich ihrer intellektuellen Fähigkeiten zu erinnern und sie zu nutzen, damit sie sich nicht allein nur von ihren Emotionen leiten lässt. Sie soll und muss ihre Existenz, ihre Seele, ihren

ANWENDUNG IN DER PRAXIS

Wesenskern, nicht aufs Spiel setzen, um diesen Prozess zu durchlaufen.

»Nun hör mir gut zu: Mach dich Morgen ganz früh auf den Weg. Du hast einen langen, schweren Weg vor dir. Du musst in ein fernes Land gehen, wohin nicht einmal ein einsamer Vogel kommt. Folge immer dem Lauf des Ac. Wenn du schon fast an der Mündung bist, wirst du auf Menschen treffen. Kümmere dich nicht um sie. Geh einfach weiter!
Bald darauf kommst du in eine Stadt und am Ende dieser Stadt an einen großen Baum. Ganz oben an diesem Baum in einer großen Astgabel steht eine Hütte und am Fensterkreuz, da hängt dein Pelz. Aber jetzt pass auf: Zieh dir nun ganz rasch den Marderpelz über und dann klettere auf den Baum. Wenn du deinen Pelz gegriffen hast, dann wirf dir das Eichhörnchensommerfell über und klettere rasch wieder nach unten. Links und rechts vom Baum liegen zwei große, schwarze Hunde in schwere Ketten geschlagen. Hab´ keine Angst, sie werden dir nichts tun. Du darfst aber unterwegs nicht denken, ›Hui, jetzt hab´ ich meinen Pelz wieder‹, denn dann werden sie sich auf dich stürzen und dich zerreißen!«

Schritt 2 - Aufbruch

Wie sie es selbst schon instinktiv getan hat, rät ihr auch der Schwager, sich früh am Morgen auf den Weg zu machen. Morgens, wenn Körper und Seele geruht haben, die mondisch-emotionale Ebene unseres Seins in den Hintergrund tritt und der Geist bereit ist, für neues Sonnen-Bewusstsein, ist die beste Zeit für umsetzbare Erkenntnisse. Die Gefühle der Nacht, all unsere seelischen Prägungen, die aus frühkindlichen Erfahrungen resultieren und die uns oft so regressiv, trotzig oder ängstlich agieren lassen, weichen jetzt dem Licht des Tages und wir sind wieder bereit, offen auf neue Erkenntnisse zuzugehen und sie auch umzusetzen.

Das meint der Schwager damit, wenn er ihr rät, frühmorgens aufzubrechen. Sie muss in ein fernes Land, sagt er ihr. In ein Land, in das nicht einmal ein einsamer Vogel (Uranus) kommt. Es geht also darum, Bereiche zu erforschen, Erfahrungen zu machen, die so neu und so fremd sind, dass bislang kein einziger Gedanke daran verschwendet wurde. Jetzt aber ist die Zeit, sich diesen neuen Impulsen (Uranus) zu stellen.

Und nicht nur das: Der Schwager sagt ihr genau, was sie tun kann, um ihr Ziel zu erreichen. Er weiß aber auch, dass es einzig und allein an der Mosfrau liegt, ob sie diese Prüfung unbeschadet übersteht.

ANWENDUNG IN DER PRAXIS

Sucht ein Klient in einer Ausnahmesituation, die einen Schock oder eine Trauer ausgelöst hat, unseren Rat, ist dieses Vorgehen auch für uns Astrologen ein nützliches Beispiel. Wenn wir eine sichere Atmosphäre schaffen, in der ein Mensch seine Gefühle zeigen darf, wird er auch offen sein, für Anregungen.

Wenn ein Langsamläufer den Mond tangiert, sollten wir uns immer auch fragen, wie es denn mit den sonstigen persönlichen Planeten bestellt ist. Welche Planeten sind gut aspektiert, welche ohnehin in der Radix stark gestellt? Sie stellen die nötigen Kraftquellen für den Geborenen dar, aus denen er auf seinem Weg durch die schwierige Zeit schöpfen kann.

Es geht dabei aber nicht um Ablenkung von der eigentlichen Entwicklung, sondern darum, den Klientin zu stärken und ihn an seine eigenen Fähigkeiten zu erinnern, die ihm helfen, kritische Zeiten besser und leichter zu überstehen.

Eine gute Verbindung von Mond und Venus mag darauf hinweisen, dass der Klient die Fähigkeit besitzt, Schönes zu entdecken und seine Umgebung harmonisch zu gestalten. Es zeigt auch, dass eine gewisse Genussfähigkeit vorliegt, die auch in Zeiten der Krise erhalten bleibt.

Schritt 2 - Aufbruch

Harmonische Verbindungen von Sonne und Mars zeigen einen inneren Energiefluss an, der zum Selbstschutz oder zur Erhaltung der Egokräfte beiträgt.

Ein gut gestellter Merkur wiederum spricht für die Fähigkeit, die eigenen Gedanken zu klären, nicht dem Grübeln oder Selbstzweifeln anheimzufallen. Eine Verbindung mit Uranus kann anzeigen, dass hier eine Begabung vorliegt, neue gedankliche Wege zu beschreiten und alte Denkmuster abzulegen. Harmonische Saturnaspekte deuten hingegen darauf hin, dass aus der Erfahrung gelernt wird.

Wenn wir trauern, vergessen wir oft, dass wir diese Talente besitzen oder wir wagen es nicht, sie auszuleben, weil wir glauben, es wäre in dieser Zeit nicht angemessen. Diese Zweifel auszuräumen bzw. diese positiven, innerseelischen Aspekte wieder ins Bewusstsein zu rücken, machen eine Beratung wertvoll, vorausgesetzt der Klient hat nicht das Gefühl, mit einem billigen Trost abgehandelt zu werden. Wir müssen uns der Schwere des Prozesses, durch den der Klient geht, immer bewusst sein.

4.4 Schritt 3 - Gestärkt auf den Weg machen

»Als die beiden Frauen am anderen Tag aufstehen, hatte der Schwager das Lager bereits verlassen und war zur Jagd gegangen. Die Mosfrau aß und trank, aber so viel sie auch aß, soviel weinte sie auch. Schließlich band sie ihr Kopftuch um, küsste ihre Schwester auf beide Wangen, nahm beide Pelze und ging.
So machte die Mosfrau sich auf den Weg. Sie wanderte wohl eine lange Zeit, sie wanderte wohl eine kurze Zeit. Sie folgte immer dem Lauf des Ac. Es war eine einsame und beschwerliche Reise. Hunger und Kälte quälten sie, aber sie wanderte weiter.«

So macht sich also die Mosfrau getröstet, gestärkt und mit neuen Hoffnungen versehen auf ihren Weg ins »ferne einsame Land, wohin nicht einmal ein Vogel kommt.«

Das, was vor ihr liegt, mag unbekannt sein, aber sie ist gut gerüstet durch die Hilfen, die sie erhalten hat.

Wieder werden die Schranken der Zeit aufgelöst. Trauer dauert, solange sie dauert und so wandert sie wieder eine lange Zeit und sie wandert eine kurze Zeit. Sie folgt immer dem Lauf des Ac.

ANWENDUNG IN DER PRAXIS

»Ac« lautet die Chantische Bezeichnung des westsibirischen Stromes Ob. Die Mosfrau folgt also, trotz ihrer Trauer, immer noch dem Fluss des Lebens. Symbolisch steht er für alle lebendig fortschreitenden Prozesse, für das ewig währende Dahinfließen und die ständige Erneuerung. Auch, wenn der Weg ein einsamer ist, Hunger und Kälte sie quälen, d.h. sowohl ihr Kummer als auch ihr Schmerz allgegenwärtig sind, verliert sie das Lebens selbst nicht aus den Augen. Es darf stattfinden, trotzdem sie in dieser Phase nicht daran teilnehmen kann. Sie weiß um die immerwährenden Wandlungsprozesse und vertraut darauf, dass irgendwann auch für sie wieder neues Leben stattfinden wird.

Deshalb kann sie sich auch getrost von Menschen fernhalten, die sie am Ufer trifft, die fischen, singen und lachen. Für sie ist nicht die Zeit der Gemeinsamkeit, es besteht kein Bedürfnis, sich durch Vergnügungen Kurzweil und Ablenkung zu verschaffen, sie muss jetzt auch keinen Dienst an dieser Gemeinschaft tun. Aber, sie weiß, diese Zeit wird auch wieder kommen.

Insofern hat die Mosfrau in ihrer Trauer bereits viel gelernt und umgesetzt. Sie hat Trost erfahren und wurde an ihre inneren Fähigkeiten und Stärken erinnert. Jetzt geht es um die Aufarbeitung des Geschehenen und die kann sie letztendlich nur alleine und in der Stille mit sich selbst leisten.

Schritt 3 - Gestärkt auf den Weg machen

So lässt sie auf ihrer Reise Menschen, die ihr begegnen, hinter sich; sie geht keine Beziehungen ein. Das ist auch wichtig und gut so. In Zeiten der Trauer ist es zwar hilfreich, zu wissen, dass es Menschen gibt, die mit uns sind in einem guten Sinne, d.h. mit uns fühlen, uns anhören, uns vielleicht auch wieder neue Impulse geben, aber letztendlich müssen wir den Trauerweg alleine gehen. Nur so kommen wir zu unserer Mitte, zum Kern unseres Schmerzes und erst, wenn wir diesen erreicht haben, gibt es wieder einen Weg nach draußen. Trauerzeit ist nicht die Zeit der Offenheit. Sie ist die Zeit des Rückzugs, des »Nach-innen-Gehens«. Andere Menschen können im positiven Sinne hier lediglich Begleitung und Stütze sein, in negativer Hinsicht u.U. sogar unnötige Ablenkung oder Ursache für neue Verletzungen.

Dies wird häufig verkannt von Mitmenschen, die voll des Mitleids sind und die eigene nicht gelebte Trauer über zurückliegende Verluste mit der des Anderen verwechseln. Meine Erfahrungen im Bereich der Sterbe- und Trauerbegleitung haben dies oftmals gezeigt.

Wenn wir jemanden durch seine Trauer begleiten, ist es nötig, ihn immer auch wieder seine Schritte alleine tun zu lassen, damit er seine Gefühle und Gedanken klären, Erinnerungen sortieren und vor allem auch wieder Vertrauen darin entwickeln kann, dass er sein Leben auch selbst meistert. Wer am Fluss des Lebens

ANWENDUNG IN DER PRAXIS

wandelt, vergisst nicht, eines Tages wieder daran teilzuhaben.

Die Mosfrau kümmert sich nicht darum, dass die Menschen singen und lachen. Sie hat keine Sehnsucht nach Zugehörigkeit und fühlt sich auch nicht ausgeschlossen.

So kommt sie schließlich in eine Stadt, die genau, wie die Flussmündung, Symbol für Gemeinschaft und gegenseitigen Austausch ist. Wer am Fluss des Lebens bleibt, der wird eines Tages wieder Teil dieser Gemeinschaft sein. Noch aber durchquert sie sie, lässt sich auf keine Ablenkung ein, »*bis am anderen Ende ein großer, mächtiger Baum, weit in den Himmel ragt.*«

4.5 Plutonische Wandlung

»Weit oben in einer Astgabel sah sie nun die Hütte und am Fenster hing der Pelz ihrer Mutter! Geschwind warf die Mosfrau sich den Marderpelz über und begann den dicken Stamm hinaufzuklettern. Sie sah wohl die schwarzen Hunde links und rechts neben dem Baum, aber sie fürchtete sich nicht. Sie klettere immer weiter ihrem Ziel entgegen. Dann endlich hatte sie die Hütte erreicht. Sie griff den Pelz ihrer Mutter, warf das Marderfell ab und hüllte sich in den Eichhörnchensommerpelz. Dann machte sie sich, behände und geschwind, als wäre sie selbst ein Eichhörnchen, wieder an den Abstieg.«

Der Baum ist eines der ältesten, ubiquitären Symbole der Menschheit. Kaum eine Kultur, die ihn nicht als Zeichen der Verbindung von Himmel und Erde, von Mikrokosmos und Makrokosmos, sieht. Er ist die Brücke zwischen himmlischen und irdischen Belangen und er ist Träger der göttlichen Macht. Baumdarstellungen finden sich bereits auf Kunstgegenständen aus Mesopotamien und dem alten Ägypten.

›Yggdrasil‹ oder ›Mimameidr‹ wurde die Weltenesche in der nordischen Mythologie genannt, die nach der Edda den Thingplatz (Gerichtsplatz) der Götter darstellte. Odin selbst hing daran als Opfer für die Menschheit, neun Tage und neun Nächte, kopfüber und verwundet durch seinen eigenen Speer, bis er aus dieser Position heraus die Runen entdeckte.

Der Weltenbaum wird damit auch zum Symbol für eine schamanische Initiation.

In den Glaubensvorstellungen der vorchristlichen, heidnischen Naturreligionen, wie z.B. der Kelten, waren Bäume immer auch Sitz der ›Großen Muttergottheiten‹. Sie wohnten in den Wurzeln, im Urgrund also, und bestimmten von dort aus das Geschick der Menschen. Unterschieden wurde dabei nach den Aspekten der drei Lebensmysterien: Die junge (weiße), die mütterliche (rote) und die alte (schwarze) Göttin. Jede Erscheinungsform fand Zuordnung zu einem Lebensabschnitt: Dem jungfräulichen des Neubeginns und der Jugend, dem mütterlich-fruchtbaren und kreativen Bereich der Lebensmitte und dem weisen, auf Erfahrung und Besinnung beruhendem Prozess des Alters und des Todes. In der katholischen Kirche fanden sie als weiße, rote und schwarze Madonnen eine neue Heimat. Als solche werden sie in den unterschiedlichen Bäumen, vornehmlich jedoch in der Linde, dem Baum der Mutter, bis heute verehrt.

Darüber hinaus aber steht der Baum auch für die gespeicherten Erfahrungen unserer Ahnen. Nicht zuletzt wird sein Symbol als Stammbaum für die Verwurzelung und auch Verzweigung der familiären Verbindungen eingesetzt. Er zeigt also die sippenbeding-

Plutonische Wandlung

ten Muster an, die oft auf unbewusste Weise unser Denken und Fühlen beeinflussen. Und genau darum mag es jetzt für unsere Märchenheldin auch gehen.

Die Mosfrau steht nun vor neuen Aufgaben und Herausforderungen auf dem Weg zu ihrer künftigen Identität. Wie wir aus den plutonischen Krisen wissen sind tief greifende Transformationen auf unserem Entwicklungsweg auch immer mit Gefahren verbunden. Während der Wandlungsphase können und müssen viele Dinge verloren gehen, vor allem all jene, die nicht mehr in unsere neue Identität passen. Überdauern kann nur, was mit unserer ganzheitlichen Entwicklung, der wir uns nähern, vereinbar ist. Was keine Bedeutung hat, muss unweigerlich untergehen.

Wir als Beobachter wissen, dass die Mosfrau dem Pelz ihrer Mutter längst entwachsen ist. Dass es am Ende darum geht, einen eigenen, speziell für sie passenden Pelz (Mond) zu finden. Für sie mag diese Erkenntnis noch nicht umsetzbar sein, das wussten auch die Schwestern und die beiden Schwager. Als perfekte Trauerbegleiter erkannten sie, dass die Akzeptanz der gesamten Tragweite dieser Erkenntnis für die Mosfrau zu schmerzhaft gewesen wäre. Es hätte sie auf ihren Weg mehr behindert, als gestärkt.

ANWENDUNG IN DER PRAXIS

Das Haus, das die Mosfrau in der Baumkrone entdeckt, ist also wieder ein Mondsymbol, genau wie der Pelz der Mutter, der dort oben am Fensterkreuz hängt.

Um ihre erwachsene weibliche Identität zu erreichen, kleidet sie sich in die Tierfelle, die auf der psychologischen Ebene ihre triebhafte und sinnliche Seite symbolisieren. Hier kommt also jetzt eine marsisch-sexuelle und venusisch-verführerische Komponente ins Spiel. Wenn die Mosfrau wirklich Frau werden will - und dazu ist die Ablösung von der Mutter der notwendige Auslöser - muss sie sich auch ihren erotischen und sexuellen Seiten stellen.

Mit den Ersatz-Fellen ist sie im Grunde gerüstet für die Aufgabe, die vor ihr liegt. Der Pelz der Mutter hängt hoch oben in der Krone des Baumes. Ihre Seele befindet sich also bereits in der geistig-spirituellen Welt. Sie kann ihrer Tochter auf dieser Ebene nicht mehr beistehen. Die Mosfrau muss diesen Verlust nun endgültig akzeptieren und erkennen, dass sie nicht länger Kind sein und vom Mond der Mutter partizipieren kann. Jetzt ist sie aufgefordert ihre eigenen Fähigkeiten und Talente einsetzen und die beiden Ersatz-Felle dienen ihr dabei als Werkzeuge. Am Ende ist es jedoch ihr eigener Entwicklungsstand, der zeigt, ob sie den tiefsten und gefährlichsten Punkt der Krise unbeschadet übersteht.

Plutonische Wandlung

Zunächst also wählt sie den Marderpelz und zeigt damit eine marsische Seite. Sie steigt den Baumstamm hinauf, erkennt auch die Gefahr dieses Prozesses in Gestalt der schwarzen Hunde links und rechts neben dem Baum. Ungehindert erreicht sie die Hütte, greift sich den Pelz und wechselt sogleich vom Marderpelz zum Eichhörnchensommerfell.

Sie spielt mit ihren Reizen und lockt, zeigt aber zugleich, dass sie auf die Geborgenheit des Kindseins im Pelz der Mutter noch nicht verzichten will. Sie möchte nach wie vor die Mond-Tochter sein, aber nicht die Mond-Frau.

Hier hilft ihr auch die zweite Ersatzidentität nicht, die sie nun nach außen bringt: das Eichhörnchensommerfell.

Sie schafft es nicht, ihre intellektuellen und analytischen Fähigkeiten zu nutzen, um die nötige Ablösung vorzunehmen und die entsprechenden Verbindungen zur eigenen Seele herzustellen. Und sie versteht es auch nicht, mit ihren sinnlich-venusischen Kräften auf konstruktive Art umzugehen. Die plutonischen Herausforderungen (zwei schwarze Hunde) werden für sie zur Prüfung, in der sie ihre persönlichen Anlagen anwenden und beweisen muss.

In einer plutonischen Krise werden wir immer daraufhin geprüft, ob unsere Anhaftungen, unsere Bindungen, die wir aufrechterhalten möchten, noch echt und tragfähig sind oder ob wir Opfer unserer eigenen Leidenschaften, Obsessionen und Begierden sind. In diesen Prozessen sind wir auch oft aufgefordert, unsere Muster und Haltungen, die aus dem Sippenprogramm stammen, zu überprüfen und nötigenfalls zu wandeln, um neue Denkmuster anzulegen und lebbare Konzepte für unsere Zukunft zu entwerfen.

Marsische und venusische oder auch merkurische Energien bringen für die Mosfrau leider nicht den gewünschten Erfolg, weil sie nicht gewachsen sind. Es sind nicht ihre, nicht die Energien der Mosfrau, mit denen sie sich identifiziert, sie sind nichts weiter als Rollen, in die sie schlüpft oder Masken, die sie trägt. Da sie das mit Identität verwechselt und ihre eigentliche Intention ist, nur Frau zu mimen, um danach sogleich wieder in den Pelz der Mutter schlüpfen zu können, werden sie zum gefährlichen Spiel.

Auf dem Weg durch die Trauer (und das gilt auch für jeden anderen Ablösungsprozess in unserem Leben) waren diese Rollen Hilfsmittel zur Überbrückung und deshalb notwendig. Jetzt aber geht es um die Erlangung einer neuen Identität, die immer am Ende einer Krise steht. Und genau hier müssen wir beweisen, ob alles das, was wir glauben, gelernt zu haben, in unsere Psyche integriert wurde und uns auch wirklich tragen kann.

Plutonische Wandlung

»Als sie gerade die letzte Elle vom Baum springen wollte, dachte sie bei sich: ›Endlich! Gott Torem sei Dank, nun hab ich meinen Pelz wieder!‹
In diesem Augenblick sprengen die schwarzen Hunde ihre Kette, stürzen sich auf die Mosfrau und zerreißen sie.
Die Mosfrau war tot; ihr Pelz blieb liegen.«

Die Mosfrau hat sich nicht befreit vom Mond der Mutter, ihre eigenen marsischen, venusischen und merkurischen Anlagen nicht ausgebildet. Als sie am unteren Ende des Baumes ankommt, denkt sie *»endlich hab ich meinen Pelz wieder«* und vergisst dabei, dass es nicht ihrer ist. Im Grunde könnte sie auch denken: *»Endlich kann ich wieder an Mutter's Rockzipfel hängen.«* Ihre Mondanlage wagt sich also nur an das Spiel mit Mars und Venus heran, sie kokettiert damit. Aber am Ende will sie sich wieder in die Kindrolle zurückziehen, ohne sich den plutonischen Obsessionen zu stellen. Dies gilt gerade auch in Phasen der Trauer, da wir uns hier am meisten nach Schutz und Geborgenheit sehnen, und das Regredieren in kindliche Verhaltensweisen durchaus zum Aufarbeitungsprozess gehört. Aber ebenso gehört es dazu, sich von diesen wieder zu lösen, um zu unserer erwachsenen Haltung zurückzufinden.

Gelingt es nicht, mag dies genau der Moment sein, in dem sich die schwarzen Hunde (Pluto) von ihren Ketten reißen und zur lebenszerstörenden Gefahr werden. Die Hunde stürzen sich auf die Mosfrau und töten sie. Plutonische Transformation ist am Ende immer stärker als mondische Verhaftung. Wer nicht bereit ist, sich dem notwendigen Wandel zu unterwerfen, riskiert, dass er in diesem Prozess untergeht. Das ist das Stirb- und Werdeprinzip Plutos.

Als Symbole für Leidenschaft und Triebe schaffen die schwarzen Hunde einen schmerzhaften Übergang zu einer anderen Daseinsform. Plutonische Wandlungen sind niemals sanft.

Wieder lässt der Verlauf des Märchens zwei unterschiedliche Auslegungen zu:

Auf der Objektebene ist es durchaus möglich, dass die Mosfrau tot liegen bleibt, weil sie den gewünschten und auch notwendigen Übergang zum Frausein nicht vollziehen kann. Es gibt viele Frauen, die - meist unbewusst - ihr Leben alleine oder an der sicheren Seite ihrer Mutter fristen, auch, wenn sie mit ihr einen ständigen Konkurrenzkampf führen. Das erscheint gefahrloser, als sich hinaus ins Leben zu wagen und sich den

Plutonische Wandlung

damit verbundenen sexuell-erotischen Anforderungen zu stellen. Vielleicht haben entsprechende negative Erfahrungen oder auch direkte oder indirekte erzieherische Botschaften bewirkt, dass ein ›Sich-fallen-Lassen‹ in die Welt der Sexualität und der Lüste als bedrohlich und angsteinflößend empfunden wird.

Auch eine solche Existenz hat etwas Totes, da hier lebendige Mars- oder fruchtbare Venus-Energien zu Gunsten einer lebensfeindlichen Pluto- oder Saturnenergie unterdrückt werden, bis sie schließlich - völlig unerwartet und ungezügelt - von den eisernen Ketten losgerissen, ihr Opfer ins Verderben stürzen. Und dieses Verderben trägt viele Gesichter: heimliches Ausleben der Triebe, daraus resultierende Schuldgefühle, körperliche Erkrankungen, Essstörungen, Angst, Einsamkeit oder Depressionen.

Das gilt im Grunde genauso für die Umkehrung. Mädchen, die nicht gelernt haben, ihre Grenzen zu schützen, lassen sich zu Objekten degradieren und sehnen sich geradezu danach, inhaltslose Projektionsflächen für unerfüllte Männerträume zu sein, weil sie irrtümlicherweise genau das als das höchste Ziel ihrer individuellen Entwicklung ansehen.

Obwohl oder gerade, weil wir heute in einer sehr sexualisierten Gesellschaft leben, in der uns die Notwendigkeit und vor allem das scheinbare ›Wie‹ eines sexuell-erotisch erfüllten Lebens permanent durch Filme, Videoclips, Werbebilder o. ä. vor Augen geführt werden, ist es für heranwachsende Mädchen und auch Jungen alles andere als einfach, zu einem für sie stimmigen Ausdruck ihrer sexuellen Bedürfnisse zu finden. Mädchen und Frauen werden heute mehr denn je auf Äußerlichkeiten reduziert. Medien gaukeln uns vor, dass Lebensglück allein von einer superschlanken Figur abhängt, bestenfalls noch von den richtigen Statussymbolen, Kleidung, Schuhen, Handtaschen, die es zu besitzen gilt. Und die Mütter sind häufig selbst Opfer dieser werbepsychologischen Maßnahmen. Sie drängen ihre Töchter oft schon während oder kurz nach der Pubertät zu Diäten und Schönheitsoperationen. Aber, was passiert mit den Mädchen, wenn ihre schwarzen Hunde - im Innen, wie im Außen - sich von den Ketten reißen und eine Macht entfachen, vor der sie sich zu schützen niemals gelernt haben? Was geschieht, wenn aus dem Spiel mit der ständigen Verführung und Lockung plötzlich Ernst wird? Wie können Mädchen sich selbst als wertvoll und liebenswert empfinden lernen in ihrer Existenz als Frau, wenn diese Werte ausschließlich von Äußerlichkeiten und materiellem Besitz bestimmt werden? Wo bleibt der Mond, wenn das Frauenleben nur aus Venus besteht? Ist es nicht eine, das Leben ständig begleitende Trauer darüber, niemals zu genügen? Und das, was für Mädchen gilt, gilt natürlich auch für Jungen. Wir werden

Plutonische Wandlung

Jugendliche zu Frauen und Männern? Wie finden sie zu einer erwachsenen Form von Mond und Sonne?

Bei manchen indigenen/autochthonen Völkern Südamerikas wird ein Kind nach der Pubertät als gestorben betrachtet und die Eltern betrauern diesen Tod, als wäre er real eingetreten. Tatsächlich lebt diese Person nun nicht mehr als Kind, sondern wird als Erwachsener mit allen Rechten und Pflichten in die Gemeinschaft aufgenommen. Diese Übergänge werden als Ritus vollzogen - oft schmerzhaft, wie der Tod eben ist. Aber dies dient einer klaren Trennung zwischen Kindheit und Erwachsensein. Ein solcher Ritus kann nicht verdrängt oder vergessen werden, er prägt sich bei allen Beteiligten ein. Er hat seinen festen Zeitpunkt, nachdem die Dinge nicht mehr so sind, wie sie vorher waren. Männer gehen als Männer und Frauen als Frauen in die partnerschaftliche und soziale Beziehung und nehmen so ihren Platz in der Gemeinschaft ein.

In unserer Gesellschaft fehlt es häufig an den entsprechenden Riten und Zeremonien für die Ablösungen aus dem Elternhaus. Die Grenzen zwischen Kindheit und Erwachsensein sind fließend. Religiöse Bräuche haben an Bedeutung verloren, Initiationsriten, wie sie Naturvölker kennen, sind in unserem gesellschaftlichen Miteinander nicht vorgesehen oder werden nicht entsprechend zelebriert. An ihre Stelle scheinen nicht ungefährliche Aktionen, wie ›Koma-Saufen‹, illegale Autorennen oder ein langsames Abgleiten in die Drogen-, Smartphone- oder Computersucht zu treten. Orientierungslos und ohne schützende Begleitung von Eltern und Lehrern stehen Jugendliche heute vor der Schwelle zum Erwachsenenalter.

Übergänge in neue Lebensabschnitte sind nie frei von Gefahren. Sie sind immer, wenn auch oft unbewusst, begleitet von Trauer über das Verlorene. Und wie wir wissen besitzen wir in diesen Zeiten oft nicht die nötigen Fähigkeiten, uns selbst zu schützen. Umgekehrt ist aber jede Trauer auch ein Übergang zu einem neuen Lebensabschnitt.

Wenn allgemein gültige gesellschaftliche Vorbilder fehlen, sind wir gefordert, individuelle Riten zu entwickeln, die helfen, die Kindheit angemessen loszulassen und das neue Leben als Erwachsener entsprechend zu würdigen, um das Finden eines Platzes innerhalb der Gemeinschaft zu erleichtern. Das haben inzwischen auch Psychologen und Pädagogen erkannt.

Plutonische Wandlung

4.5.1 Tod und Wiedergeburt

Nähern wir uns der Sequenz des Märchens auf der Objektebene, also auf der Ebene, auf der alles so betrachtet wird, wie beschrieben, mag es sein, dass die Mosfrau nun tatsächlich ihr Leben lassen muss und in eine andere Daseinsebene eintritt. Die Hunde werden dabei zu Seelenführern, wie Anubis, jener Gott der ägyptischen Mythologie, der in Gestalt eines Schakals (Hundes) die Seelen der Verstorbenen ins Totenreich führt.

»Die Mosfrau war tot - ihr Pelz blieb liegen.«

Die plutonische Transformation ist abgeschlossen - wie auch immer - der Pelz, Symbol für weibliche Identität, aber auch für materiellen Besitz, für den sie bereit war, soviel auf sich zu nehmen, hat jetzt keinen Wert mehr. Egal, wie ausgeprägt unser Besitzstreben zu Lebzeiten auch gewesen sein mag: Das letzte Hemd hat keine Taschen. Der Tag des Todes ist endgültig und unabwendbar auch der Tag, an dem wir von all unseren irdischen Gütern lassen müssen.

Die losgelöste Seele aber macht sich nun auf die Reise. Sie wandert den gesamten Weg zurück, den die Mosfrau einst zu Lebzeiten genommen hat.

ANWENDUNG IN DER PRAXIS

Unzählige Berichte von Menschen mit Nahtoderfahrungen lehren uns, dass die Zeit des Sterbens häufig in einer Art erfahren wird, in der das Vergangene, wie ein Film nach rückwärts wieder abläuft. In diesem Zustand werden Stationen und Situationen noch einmal besucht und erlebt, die eine wichtige Rolle im Leben des Sterbenden spielten. Dadurch wird auch das erwirkte Karma erkenntlich.

Wie viele Verstorbene versäumt es auch die Seele der Mosfrau nicht, sich von ihren bedeutenden Wegbegleitern, ihren Schwestern, zu verabschieden. Bei jeder der beiden Hütten fällt die Tür ins Schloss und für die Hinterbliebenen wird klar, dass es keine Wiederkehr mehr gibt.

Auch die beiden Schwestern verstehen die Botschaft: *»Oh weh, sie ist nicht mehr! Sie, die Schwester aus der einsamen Hütte ist tot!«* So beklagen und betrauern sie ihren Verlust.

Hier wird deutlich, dass wir alle irgendwann Trauernde sind - jeder zu seiner Zeit. Wer heute noch Trost spendete, ist morgen vielleicht schon darauf angewiesen, selbst Trost zu erhalten. Auch dies sollte unseren Umgang mit Trauernden bestimmen: Was würde uns guttun? Was wäre für uns eine hilfreiche Unterstützung auf diesen einsamen, schweren Weg? Wer gelernt hat, anderen beizustehen, Rat zu geben und Lebenshilfe zu erteilen, tut sich selbst oft schwer damit, Hilfe

Plutonische Wandlung

anzunehmen. Aber letztendlich müssen und sollten wir auch hier bereit sein, Geben und Nehmen im Gleichgewicht zu halten. Oft lernen wir erst durch unsere eigenen Notsituationen, wie theoretisch mancher Lehrsatz sein kann und wie weit er am wirklichen Leben vorbeiführt.

»Die Seele der Mosfrau aber wanderte weiter. Sie kam zurück zu ihrer Hütte, der einsamen Hütte im Wald. Dort verkroch sie sich unter einem Stapel von Fellen. Aber sie fand keine Ruhe. Schließlich kroch sie wieder nach draußen und dort, weil es Frühling war und der Boden sich erneuerte, kroch sie tief in die Erde hinein. Kurze Zeit später erblühte an dieser Stelle eine rote Blume.
Dann kam eine Bärin und fraß die Blume auf.«

Die Seele der Mosfrau wandert zurück zum Ort ihres Wirkens. Bis zur einsamen Hütte im Wald muss sie gehen. Dort verkriecht sie sich unter einem Stapel von Fellen. Die Tierhäute, Symbol ihrer nicht gelebten Mars- und Venus-Energie werden für sie nun zum Grab, in dem sie keine Ruhe findet. So verlässt sie es wieder und kriecht nach draußen in die Erde, zurück in den Schoss der Großen Mutter. Dort kann und darf sie nun in Frieden sein. Ihre Reise ist beendet, der Zyklus ist abgeschlossen.

Aber nun, da es Frühling ist und neue Widder-Energie erwacht, ist auch wieder ein neuer Kreislauf möglich. Neues Leben beginnt und die Mosfrau kommt als rote Blume zur Welt.

Unser Märchen könnte hier zu Ende sein. Das Rot der Blume symbolisiert ein neues Erwachen auf der marsischen Ebene der lebensbejahenden Energien und Kräfte. Die erforderliche Aufgabe scheint nun lösbar. Die Wiedergeburt als Pflanze zeigt hier einen absoluten Neubeginn. Unbelastet von den Erfahrungen früherer Inkarnationen, frei von alten Prägungen und Mustern, welche die mentalen und auch emotionalen Haltungen beeinflussen würden, erfährt sie nun eine Existenz auf der reinen Seinsebene einer Pflanze.

Aber die Seele kann so nicht verweilen; sie strebt nach Aufstieg und weiterer Entwicklung hin zur Ganzheit. So muss sie auch diese Existenz hinter sich lassen, um auf einer neuen Ebene zu inkarnieren, um dort die weiteren Erfahrungen zu machen.

Die Entwicklungsspirale dreht sich weiter und wir nehmen noch einmal Teil an den schicksalhaften Herausforderungen, die ihr nun auf einem anderen Niveau begegnen.

Plutonische Wandlung

»Dann kam eine Bärin und fraß die Blume auf. Wenige Wochen später gebar die Bärin ein Junges, gleich darauf noch eines und als drittes schließlich ein kleines Mädchen, ein Chanti-Mädchen. Es war die Mosfrau aus der einsamen Hütte.«

Mit der Bärin kommt nun wieder eine Mutter ins Spiel. Die Mosfrau erhält jetzt noch einmal eine Gelegenheit, ihre Aufgabe der Frau-Werdung und damit auch die Ablösung von der Mutter auf eine ganz andere Art zu lösen.

Die Bärin ist das mächtigste Tier unseres Kulturkreises und - wie alle Tiere - Symbol für die Große Mutter, für jene übergeordnete, kosmische Instanz, die uns beschützt, nährt und versorgt. Durch ihr braunes Fell bringt sie den engen Kontakt zur Erdenmutter zum Vorschein. Die Völker des Nordens verehrten den Bären als Ahnvater der Menschheit. Nach den mythologischen Überlieferungen Sibiriens hat Gott Torem, der Gott des Himmels, eine Bärin auf die Erde gesandt - wie es auch unser Märchen erzählt - um die Versöhnung zwischen den Menschen und den Tieren herbeizuführen[1]. Man brachte sie in Verbindung mit dem

---

[1] Brigitte Schulze, »Enzyklopädie des Märchens«, De Gruyter

ANWENDUNG IN DER PRAXIS

Mond[1]. Die Bärin kommt und geht durch ihren Winterschlaf, genau, wie die Phasen des Mondes. Hier also kann sich die Mosfrau noch einmal ihrer Aufgabe zur Ablösung vom Mutter-Mond zur eigenen, erwachsenen Identität stellen. Und sie bewegt sich selbst als Mensch im Tierreich, d.h. dort lernt sie spielerisch den Umgang mit ihren eigenen triebhaften Seiten.

---

[1] Udo Becker »Lexikon der Symbole«, Herder, 1992

4.5.2 Ein neuer Kreislauf

»*Die Mosfrau wuchs bei der kleinen Bärenfamilie auf. Es war eine glückliche Kindheit voller Spielen und Lachen. Als das Mädchen etwas größer geworden war, begann es aus Birkenrinde kunstvoll verzierte Gefäße zu machen, die eine wahre Pracht waren.*«

Als ›Chanti-Mädchen‹, als Menschenkind, wird die Mosfrau nun unter Bären groß. Sie behält zwar ihre menschliche Gestalt - und, anders als vorher auf der Pflanzenebene, vor allem ihr menschliches Bewusstsein -, begibt sich aber auf die Tierebene, um im täglichen Miteinander mit ihren bärigen Geschwistern zu lernen, sich ihre triebhaften Seiten auf spielerische, kindliche und unschuldige Art vertraut zu machen. Ihr Karma verlangt nun nach Entwicklung auf der körperlichen Ebene, nachdem sie vorher als Schamanin die geistigen Prinzipien wohl zur Genüge gelernt und integriert hat. Die Bärenmutter sieht in ihr auch das Menschenkind; sie nennt sie ›Chanti-Mädchen‹ und erkennt damit die karmischen Erfahrungen ihrer Tochter.

Als das ›Chanti-Mädchen‹ größer wird, beginnt es wunderschöne, kunstvoll verzierte Gefäße aus Birkenrinde zu fertigen und zeigt uns damit, mit welcher Perfektion es sich nun an die Ausarbeitung seiner mondischen Identität macht.

Die Birke ist der Baum der weißen Göttin, dem jungfräulichen Aspekt der Großen Mutter. Er ist auch der Baum der Mädchen und gilt als Helfer in Liebesdingen. Gefäße (Mond) aus Birken-(Venus) -rinde (Saturn) zu fertigen bedeutet, sich bewusst dem Prozess des Frau-Seins in der jungen Entwicklungsphase zu stellen und damit auch umgehen zu können. Wer es versteht aus der Rinde dieses Baumes kunstvolle Gefäße zu fertigen, ist auch in der Lage, seine mondisch-venusischen Anlagen auf harmonische Weise in Einklang zu bringen und das auf eine Art, die einzigartig und individuell ist.

Ihre Kindheit ist glücklich und so könnten sie weitergehen, die friedvollen Tage der kleinen Bärenfamilie. Aber Entwicklung fordert Veränderung und so bahnt sich diese auch schon wieder an, durch dunkle, plutonische Wolken.

»Eines Tages rief die Bärenmutter das Mädchen zu sich und sprach: ›Hör mir zu, Chanti-Mädchen, mein himmlisches Mädchen. Es werden Menschen kommen und mich und deine Brüder töten. Ich will nicht, dass dir ein Leid geschieht. Deshalb möchte ich, dass du fortgehst, weit fort.‹

Plutonische Wandlung

Aber das Mädchen sprach: ›Ich will euch nicht verlassen, Mutter und ich will auch nicht, dass ihr sterben müsst. Ich werde bei euch bleiben, was immer auch geschieht und, wenn die Menschen kommen, dann will ich an eurer Stelle sterben.‹«

Die Bärenmutter spürt, dass ihre Zeit zu sterben, gekommen ist und sie bittet das Mädchen zu gehen.

Aber die junge Frau weigert sich. Sie hat verständlicherweise Angst vor dem Schmerz des Verlustes und hofft, sie könne durch ihr Verhalten etwas daran verändern oder beeinflussen. Lieber möchte sie selbst den Tod auf sich nehmen, als Mutter und Brüder sterben zu sehen. Das Leid eines geliebten Menschen zu ertragen, ohne etwas tun zu können und gezwungen sein, die Tatsache zu akzeptieren, ohne ihn weiterleben zu müssen, ist eine der schwierigsten Aufgaben, die uns das Schicksal auferlegen kann. Hier zeigt sich plutonische Energie in ihrer stärksten Form.

»Lieber ich, als du«, ist ein Zauberspruch, der an Wirksamkeit und Macht kaum zu überbieten ist und es darf nicht unterschätzt werden, mit welcher Ausdauer und Wirkung er Lebensprogramme ganzer Generationen beeinflussen kann und dafür sorgt, dass wir uns - unbewusst - lieber selbst am Leben hindern, als einmal eingegangene Bindungen aufzulösen.

ANWENDUNG IN DER PRAXIS

Aber dieses schwere Erbe will die Bärenmutter ihrer Menschen-Tochter nicht hinterlassen. Sie macht ihr klar, dass es auf dieser schicksalhaften Ebene keine menschliche Einmischung mehr gibt:

»Chanti-Mädchen, liebes Kind, was redest du da? Gott Torem hat mich auf die Erde gesandt und er hat den Tag meines Todes bestimmt, du kannst mich davon nicht erlösen. Gott Torem wird mir auch meinen Platz im Himmel geben. Aber hör mir gut zu: Wenn alles vorbei ist und du unter Chanti-Menschen kommst, dann achte du, mein Blumenkind, darauf, wohin sie unsere Nägel und Krallen werfen, sammle sie ein und breite sie an einem stillen Platz am Ufer aus; denn dann werden unsere Seelen sie wiederfinden und geradewegs in den Himmel fahren. Wie groß deine Trauer und dein Schmerz auch sein mögen, vergiss das nicht!«

Gott Torem, der »Gnädige Beherrscher der Welt« oder der »Die-Welt-beobachtende-Mann«, als der er auch bezeichnet wird, ist der Gott des Himmels, seine Wohnstatt ist die Sonne [1]. Er hat die Bärin einst auf die Erde gesandt und ruft sie nun wieder ab. Der Tag ihres Todes ist bestimmt. Und die Bärin nimmt ihr Schicksal an, ohne es zu beklagen. Es ist die Verwurzelung in

---

[1] August Christian Borheck, »Erdbeschreibungen von Asien«, Dänzer, 1792

Plutonische Wandlung

ihrem Glauben, die ihr diese Kraft gibt. Sie ist verbunden mit ihrer Religion und weiß damit um die kosmischen Gesetzmäßigkeiten. Gott Torem ist es, der die Geschicke lenkt und, nachdem nun ihre Lebensaufgabe erfüllt ist, wird er für sie auch einen Platz im Himmel bereithalten. Dieses Vertrauen hilft ihr, die schwierige und schmerzhafte Aufgabe, die nun vor ihr liegt, zu bewältigen.

Dieses Vertrauen ist es, das uns oft fehlt. Wir lesen, hören und reden viel darüber, dass wir uns dem Fluss des Lebens überlassen und auf die Weisheit des Kosmos vertrauen dürfen. Im Ernstfall aber sind wir wieder voll des Zweifels und der Angst. Unser Leben verlangt von uns täglich, dass wir unsere Handlungen und Entscheidungen abwägen nach unserem Wissen und Können und, dass wir durch Vernunft Krisen und Gefahren weit gehend ausschließen können. Kein Wunder also, dass uns am Ende dieses göttliche Urvertrauen (Neptun = weiblicher Jupiter) fehlt.

Menschen, die tief in ihrem Glauben verwurzelt sind, nehmen auch ihre Trauer leichter an, weil sie wissen, dass alles im Leben einen Sinn (Jupiter = tiefere Oktave des Neptun) und einen Grund hat. »*Wer ein Warum hat, kann jedes Wie ertragen*«, diese Aussage von Friedrich Nietzsche wurde zum Leitsatz des Psy-

ANWENDUNG IN DER PRAXIS

chiaters Viktor Frankl[1], der aufgrund seiner Erlebnisse in den Konzentrationslagern seine Logotherapie entwickelte und die Sinnfrage zum zentralen Wesenskern seiner therapeutischen Arbeit machte.

Sinn ist also das, was uns in Krisenzeiten am meisten stärkt. Wer seine Jupiter-Anlagen nicht nur auf der materiellen Ebene von Ansehen und Status erlebt, sondern darauf vertraut, dass alles im Leben sinnhaft und bedeutungsvoll ist, wird nicht mit seinem Schicksal hadern, sondern seine Kräfte mobilisieren, die er braucht, um die jeweiligen Herausforderungen zu durchstehen. Durch einen erlösten Jupiter entsteht also das neptunische Urvertrauen. Wer sich sicher ist, dass es für ihn einen Platz im Himmel gibt, braucht den Tod nicht zu fürchten.

Für uns wird die Bärin hier zur großen Lehrmeisterin. Sie findet den Sinn und die Erfüllung ihres Lebens als Bärenmutter, versorgt ihre Kinder und zieht sie groß. Jetzt ist ihre Zeit gekommen, aber sie weiß in ihrer tiefsten Seele, dass dies nicht das Ende bedeutet. Und sie weiß auch, dass der ihr bevorstehende, schmerzhafte Weg letztendlich nur eine Transformation hin zu einer höheren Entwicklung bzw. seelischen Befreiung ist. Sterben ist wie Geborenwerden. Beide Erfahrungen sind mit Schmerz und Angst verbunden.

---

[1] Viktor Frankl »...trotzdem Ja zum Leben sagen«, Kösel-Verlag, 8.Aufl. 2002

Plutonische Wandlung

Aber während wir die Geburt als freudiges Ereignis feiern - ohne die Ängste des Säuglings zu bedenken, der sich aus der Geborgenheit des Mutterleibes durch einen engen Geburtskanal in eine unbekannte und ungewisse Zukunft quälen muss -, sehen wir die Schmerzen, die eine Sterbephase begleiten, meist als ungleich schwerwiegender und bedrohlicher an. Aber im Grund sind beide - Geburt und Tod - Transformationen zu anderen, neuen Daseinsformen, für die wir jedoch all unsere bisherigen Bindungen und Sicherheiten aufgeben müssen.

Wer das Urvertrauen der Bärin besitzt, kann diesen Weg des Übergangs gehen, mag er auch noch so schwer sein.

Was wir jedoch in einer Begleitung oder einer Beratungssituation nicht vergessen dürfen ist, dass der Schmerz dennoch seine Berechtigung hat und real empfunden wird. Er muss durchlebt und darf nicht übergangen oder verdrängt werden. Und er kann auch nicht intellektuell erklärt werden. Es hat sehr viel mit Respekt und Achtung zu tun, einem Menschen nötige Entwicklungsarbeit nicht einfach ›wegzureden‹.

»Da hörten sie draußen vor der Bärenhöhle schon ein lautes Hin- und Hergelaufe und ein Rumoren. Die Menschen waren gekommen und versuchten nun in die Bärenhöhle einzudringen.

ANWENDUNG IN DER PRAXIS

›Lauf weg, Chanti-Mädchen‹, rief die Bärenmutter. Aber das Mädchen hörte nicht. ›Lass mich an deiner Stelle gehen, Mutter!‹

Um die Menschen abzulenken, warf das Mädchen ihre Birkenrindengefäße nach draußen. ›Was ist das?‹, fragten die Menschen. ›Woher kommen die Gefäße? Ist da etwa ein Mensch in der Bärenhöhle?‹

Da nahmen die Menschen einen dicken Holzpfahl und versuchten die Höhle aufzubrechen. Die Bärenmutter rief: ›Geh´ weg!‹ Dann stürzte sie sich an dem Mädchen vorbei ins Freie. Sofort wurde sie von den Menschenhänden gepackt und getötet.

Die Meute draußen schrie: ›Es sind noch zwei junge Bären in der Höhle‹.

Der ältere Bärenbruder wollte sich nach draußen stürzen, aber das Mädchen hielt ihn zurück. ›Bleib hier, Bruder, lass mich für dich gehen!‹

Da packten ihn auch schon die Menschenhände und töteten ihn.

Nun war die Reihe an dem jüngsten Bruder. Das Mädchen flehte noch einmal: ›Ich bitte dich, Bruder, bleib und lass mich an deiner Stelle gehen!‹

Aber auch dieser Bruder hörte nicht auf sie, sondern lief einfach an dem Mädchen vorbei nach draußen und wurde getötet.«

Plutonische Wandlung

Die Menschen haben die Bärenhöhle erreicht und das grausame Töten beginnt. Das Märchen schildert uns hier in sehr tief gehender Weise, wie sich die kleine Bärenfamilie, einer nach dem anderen, im wahrsten Sinne des Wortes todesmutig, seinem unausweichlichen Schicksal hingibt.

Die Bärenmutter und ihre Söhne erkennen ihr eigenes Sterben - so grausam und blutig es auch sein mag - als Übergangs- und Wandlungsprozess innerhalb ihrer immerwährenden Existenz. Auch sie haben die Gesetze Plutos verstanden und verinnerlicht. Die innere Sicherheit, die ihnen dieses Wissen und dieses Geborgensein in ihrer Spiritualität verleiht, versuchen sie auch an ihre Tochter bzw. Schwester weiterzugeben.

ANWENDUNG IN DER PRAXIS

»Drinnen in der Höhle fing das Mädchen nun laut an zu weinen und zu klagen. Die Menschen hörten das und kamen näher: ›Was ist das? Da ist doch ein Mensch in der Bärenhöhle!‹

Da warf das Mädchen seine Birkenrindengefäße nach draußen und rief unter Tränen: ›Ihr habt all die Meinen getötet! Warum kommt ihr nicht und tötet auch mich?‹
›Ein Mensch, ein Mensch ist darin!‹, riefen alle durcheinander, aber niemand tat etwas. Da fasste sich der Stadtfürstensohn ein Herz, ging in die Höhle und führte das weinende Chanti-Mädchen an der Hand nach draußen.
Als die Menschen es sahen, da flüsterten sie: ›Es ist die Mosfrau, die Mosfrau aus der einsamen Hütte.‹«

Das Chanti-Mädchen hat all ihre Lieben verloren. Für sie hat das Leben in dieser Phase keinen Sinn mehr. Sie wirft ihre Birkenrindengefäße nach den Menschen draußen vor der Höhle. Sie zeigt ihren Schmerz, aber sie zieht damit auch die Gefahr auf sich. Sie ist in diesem Augenblick bereit, ihr Leben, das für sie nun keinen Wert mehr besitzt, von sich zu werfen oder auf der seelischen Ebene, ihre selbst geschaffene Identität (Mond) wieder aufzugeben. Erwachsenwerden, sich loslösen von einem Entwicklungsstand bedeutet immer

Plutonische Wandlung

den Verzicht auf gewohnte Sicherheit und Geborgenheit.

Der Wunsch wieder zurückzugehen, auf neue Erfahrungen zu verzichten, um das Geliebte und Gewohnte zu behalten, ist oft der erste Impuls nach einem schmerzhaften Verlust. Sobald wir erkennen, dass dies nicht mehr möglich ist - und diese Erkenntnis kann nur in unserem Innersten entstehen, nicht durch äußere Einflüsse -, werden wir den Verlust akzeptieren und uns wieder nach außen wenden.

Sobald wir aber mit unserem Schmerz nach außen gehen, erhöhen wir immer die Gefahr, noch mehr verletzt zu werden durch Menschen, die nicht einfühlsam mit unserem Kummer umgehen oder die uns durch allzu kluge Ratschläge neue Wunden zufügen. Wir mögen vielleicht auch die bittere Erfahrung machen müssen, dass Menschen, die sich über das Helfen und Raten definieren, sich wie Aasgeier auf uns stürzen, weil sie unsere Schwäche brauchen, um sich selbst stark und wertvoll zu fühlen.

Andererseits befindet sich auch der Trauernde durch seine erlittenen Verletzungen häufig in der Position, dass er sich einer ausschließlich gegnerischen, unverständigen Umwelt gegenübersieht. Er beharrt darauf, dass niemand es gut mit ihm meint und sieht sich nur von Feinden umringt. Jede Geste, jede Aktion von außen wird als gegen sich selbst gerichtet empfunden und interpretiert. Solange ein Mensch in dieser Entwicklungsphase verharrt, mag Hilfe und Beistand nahezu unmöglich sein. Das einzige, was wir in dieser Situation tun können, ist abzuwarten, bis der Trauernde wieder bereit ist, die Welt so zu sehen, wie sie ist.

Der Mosfrau bleiben diese Erfahrungen zum Glück erspart. Sie bleibt zurück im Schutze ihrer mondischen Höhle und die Menschen draußen sind hilflos. Sie wissen nicht, wie sie mit ihr umgehen sollen, so sehr sie auch betroffen sind, von dem, was sie nun erkennen. Nämlich, dass dort drinnen, zurückgeworfen auf sein Innerstes, ein Mensch ist, der leidet. Wie oft wünschen wir uns, Trost spenden zu können, aber im Angesicht einer Tragödie wird uns klar, wie leer und bedeutungslos unsere Worte wirken. Kummer und Leid machen uns oft hilflos und tatsächlich müssen wir uns in solchen Situationen fragen, aus welchen Beweggründen wir helfen und raten wollen. Tun wir es, weil wir auf den Schmerz des Anderen reagieren und ihn lindern wollen? Oder tun wir dies am Ende, um uns selbst eine gewisse Wertigkeit zu verleihen? Haben wir vielleicht schon früh gelernt, dass unsere Hilfe, unser Mitgefühl und unser Verständnis für uns selbst Vorteile, nämlich Liebe und Aufmerksamkeit zur Folge hatte? Wenn ja, sind wir als Berater gefordert, diese Motivationen zu hinterfragen und unsere Erwartungshaltungen aufzulösen. Ein derartiger ›Missbrauch‹ von Ratsuchenden ist

Plutonische Wandlung

genauso wenig zielführend, wie die Verweigerung von Hilfe und Unterstützung aus der Angst heraus, sich etwas zu vergeben.

Der Stadtfürstensohn kennt diese Probleme nicht. Er nimmt sich ein Herz und zeigt Mitgefühl und auch Verantwortung einem Mitmenschen gegenüber. Psychologisch betrachtet, symbolisiert er aber auch jene erste Marsenergie, die nötig ist, um die Impulse zu setzen, die gefährliche Phase des Rückzugs und der Selbstgefährdung zu beenden.

An seiner Hand (Merkur) führt er das weinende Chanti-Mädchen nach draußen, aus dem neptunischen Zustand der lähmenden Isolation heraus, zurück ins Leben. Marsische und merkurische Anlagen werden durch seine Hilfe geweckt: der Wille, selbst am Leben zu bleiben (Mars) und das Bedürfnis, die eigenen kognitiven Fähigkeiten für die bevorstehenden innerseelischen Prozesse zu nutzen (Merkur).

Nun erkennen auch die Menschen draußen, wer sie ist: »Die Mosfrau aus der einsamen Hütte«.

Erst nachdem die ersten wichtigen Schritte getan sind, wird sie als die Person erkannt, die sie ist.

Dennoch ist auch dieses Mal der Weg durch die Trauer ein weiter. Die Erfahrungen aller bereits erlittenen Verluste schwingen darin mit.

ANWENDUNG IN DER PRAXIS

Das weiß auch der kluge Stadtfürstensohn, weshalb er sie auf ihren weiteren Schritten begleitet, ohne ihren inneren Rhythmus beeinflussen zu wollen oder zu gefährden. Sinnvolle Trauerbegleitung bedeutet, sich selbst zurückzunehmen, um dem Trauernden die Aussicht auf eine mögliche Zukunft zu gewähren, so, wie es der Stadtfürstensohn tut, indem er zwar die Zügel des Schlittens fest in seinen Händen hält, die Mosfrau aber vorne aufsetzt, um ihr den Blick nach vorne nicht zu verstellen.

4.5.3 Zu-sich-selbst-finden

»Der Stadtfürstensohn aber führte das Mädchen zu seinem Schlitten und setzte sie vorne auf. Dann griff er die Zügel, schnalzte mit der Zunge und fuhr davon. Die beiden fuhren wohl eine lange Zeit, die beiden fuhren wohl eine kurze Zeit.«

Wir erinnern uns: Schon einmal wanderte die Mosfrau »*wohl eine lange Zeit und sie wanderte wohl eine kurze Zeit*«. Der Stadtfürstensohn kennt die Gesetzmäßigkeiten, nach denen eine Trauer verläuft. Er weiß, dass Zeit vonnöten ist, um schwere Verluste zu verarbeiten und solange diese Prozesse nicht abgeschlossen sind, ist eine neue Beziehung oder eine neue Lebensausrichtung auch nicht möglich. Während der Trauer kann er ein wichtiger und guter Begleiter sein, aber niemals ein gleichberechtigter Partner.

Saturn, der Herr der Zeit, fordert also wieder einmal seinen Tribut und er erhält ihn auch. Wie damals, nach dem Verlust des Pelzes, darf die Mosfrau solange in ihrer Trauer verweilen, wie es nötig ist. Der junge Held drängt sie nicht. Er sorgt dafür, dass sie nicht zurück in die Isolation fällt, aber er lenkt sie auch nicht von ihrer Trauer ab. Beziehungen brauchen Zeit, um sich zu entwickeln, und sie bedürfen einer inneren Freiheit, um sie auf gleichberechtigter Ebene aufzubauen.

ANWENDUNG IN DER PRAXIS

»Schließlich erreichen sie die Fürstenstadt. Der Junge brachte das Mädchen zum Haus seiner Eltern und dort lebte sie nun mit ihnen.
Indessen begannen draußen die Jäger unter lauten Schreien und Jubeln die Bären zu häuten. Es spielte der Spieler und es sang der Sänger - jeder tat das seine.«

Der Sohn des Stadtfürsten - er ist nicht umsonst ein Herrschersohn - weiß um diese Geheimnisse und so lässt er seiner zukünftigen Braut die Zeit, die sie braucht, um ihre Trauer zu bewältigen. Er steht hinter ihr, aber (noch) nicht an ihrer Seite als Partner.

So bringt er sie schließlich in seine Heimatstadt, symbolisch zu seinem Mond und das kann er nun auch. Er lädt sie ein in seine Identität und zeigt ihr, wie seine Lebensart aussieht. Er läuft nicht Gefahr, ihr diese Identität überstülpen zu wollen, indem er auf die Befriedigung seiner eigenen kindlichen Bedürfnisse pocht und sie in Lebensumstände zwingt, die ihrer Natur nicht entsprechen. Aber er bleibt auch nicht der ewige Retter in ihrem Leben, in dem sie nach Ende der Trauer wieder selbst die Regie übernehmen kann und wird.

In einer Gemeinschaft, in der *»der Spieler spielt und der Sänger singt«*, in der jeder also der Mensch sein darf, der er ist, in der aber auch die Jäger das tun, was

Plutonische Wandlung

sie tun müssen, ungeachtet der Trauer der Mosfrau, kann sie wieder zu sich zurückfinden und ein neues Leben als die Frau beginnen, die sie ist. Sie muss sich nicht anpassen und unterordnen. In dieser Stadt gibt es einen gesunden Ausgleich zwischen Mond und Saturn und, wie wir im Weiteren sehen werden, auch zwischen Mars und Venus.

In dieser Sequenz des Märchens spiegelt sich die gesamte Thematik des kardinalen Kreuzes wider (*Widder [Mars] - Waage [Venus]* und *Krebs [Mond] - Steinbock [Saturn]*) und zeigt uns, wie wichtig ein Ausgleich dieser Prinzipien als Basis für eine harmonische und gleichberechtigte Beziehung zu anderen ist.

Wer über keine erwachsenen Mond-Energien (Krebs) verfügt, weil er z.B. seine Identität nicht ausgebildet hat und nicht im ausreichenden Masse für sich selbst sorgen kann, wird sich sehr leicht von anderen bevormundet, gemaßregelt und eingeengt fühlen (Saturn/Steinbock).

Die Reaktion ist Zurückweisung (kompensierter Saturn) und die Verweigerung sich auf seelischer Ebene (gehemmter Mond) zu öffnen. Ein Partner wird zum Lehrer oder Elternrollenspieler, der andere zum Schüler oder Kind. Dass dies auf der Ebene von Mars und Venus zu keinem harmonischen Ausgleich finden kann, liegt auf der Hand. Wer sich selbst nicht kennt, kann auch den anderen nicht so annehmen, wie er ist.

Miteinander eine »lange Zeit und eine kurze Zeit zu fahren« bedeutet, ihn und sich selbst kennenzulernen. Nur wer in sich erwachsen ausgebildete Anlagen trägt, verliert die Angst, übervorteilt oder entmündigt zu werden und kann sich selbst und dem anderen, ohne in eine Elternrolle zu gehen, Raum geben zur Entfaltung. Nur auf diese Art sind Beziehung ohne Aggression (pervertierter Mars) oder Selbstverleugnung (Venus-Projektion) möglich.

Bewegung, d.h. jede Entwicklung innerhalb der Beziehung, wird als gemeinsamer Fortschritt erfahren und nicht als drohendes Auseinandergleiten. Nur dann wird Saturn-Energie von den negativen Gefühlen der Einengung oder der Zurückweisung gewandelt in genau das Mass an Halt und Sicherheit und auch Eigenverantwortung, das in einer erwachsenen Partnerschaft die Basis bildet.

Und das betrifft nicht nur unsere partnerschaftlichen Beziehungen, sondern alle Beziehungen, die wir in unserem Leben eingehen, also auch die zu unseren Klienten. Je stärker wir in unserer erwachsenen Identität sind, umso geringer ist die Gefahr, dass wir andere verändern oder erziehen wollen. Wir zeigen ihnen Möglichkeiten, wie es auch der Stadtfürstensohn tut,

Plutonische Wandlung

aber wir zwingen niemanden dazu, unseren Blickwinkel einzunehmen. Wir verstehen uns nicht als Erzieher oder Lehrer, sondern im besten Sinne als Begleiter.

In einer Stadt, in der »der Spieler spielt und der Sänger singt«, wird die Identität jedes einzelnen respektiert. Hier gibt es einen gesunden Ausgleich zwischen Mond und Saturn. Jeder lebt seiner Natur gemäß (erlöster Mond) und bringt sich genau damit in die Gesellschaft ein (erlöster Saturn). Nur auf diese Art ist ein ausgewogenes soziales Miteinander (erlöste Waage-Venus) möglich, welches auch dem einzelnen Individuum (erlöster Mars) gerecht wird.

4.5.4 Rituale für einen gelungenen Abschied

»*Das Mädchen aber saß im Palast des Stadtfürsten und weinte bittere Tränen. Trotzdem achtete sie genau darauf, wohin die Menschen Nägel und Krallen der Bären warfen. Dann ging sie hinaus, sammele sie auf und trug sie an einen stillen Platz am Ufer des Flusses. Dort breitete sie sie aus. ›Mögen ihre Seelen sie wiederfinden‹, so betete sie leise. Dann machte sie sich wieder auf den Weg zurück in die Stadt.*«

Unsere Märchenheldin jedoch ist noch nicht soweit, sich in eine Gemeinschaft einzugliedern. Sie ist noch gefangen in ihrer Trauer und weint bittere Tränen. An den Vorbereitungen zum großen Fest nimmt sie nicht teil. Sie bleibt für sich und lässt ihren Gefühlen freien Lauf. Dennoch gibt ihr die Nähe der Menschen um sie herum die Sicherheit, nicht alleine zu sein.

Trotz all ihres Schmerzes aber, gedenkt sie auch der letzten Worte ihrer Bärenmutter:

»*Achte du, mein Blumenkind, darauf, wohin sie unsere Nägel und Krallen werfen, sammle sie ein und breite sie an einem stillen Platz am Ufer aus; denn dann werden unsere Seelen sie wiederfinden und geradeswegs in den Himmel fahren. Wie groß deine Trauer und dein Schmerz auch sein mögen, vergiss das nicht!*«

ANWENDUNG IN DER PRAXIS

Die Bärenmutter gab ihr mit auf den Weg, dass sie trauern und weinen darf. Sie muss ihren Schmerz nicht verbergen und ihre Tränen nicht zurückhalten. Aber dennoch gibt es Wesentliches zu tun: Die Mosfrau achtet darauf, wohin die Menschen die Krallen und Nägel der getötet Bären werfen. Trotzdem ihr Kummer überaus groß ist, erweist sie ihrer Mutter und ihren Brüdern diesen letzten Dienst, der am Ende auch ein Dienst an ihr selbst ist. Sie geht nach draußen, sammelt ihre sterblichen Überreste ein und trägt sie hinunter an das Ufer des Flusses.

Die Toten sind nicht mehr in unserer Welt; sie sind aber auch nicht von der Welt. Die Erinnerungen an ihre Taten bleiben erhalten. Sie leben in und durch uns weiter. Somit bleibt auch die Bärenfamilie am immerwährenden Fluss des Lebens und die Mosfrau hat auf diese Art eine Gedenkstätte geschaffen, an der sie ihnen immer nahe sein kann.

Rituale und das Gefühl, noch etwas für die Verstorbenen tun zu können, sind eine wesentliche Grundvoraussetzung, um sich überhaupt der Trauer und dem Gedanken an einen Abschied zu stellen. Häufig ist die Organisation einer Beerdigung, die Einladung der Trauergäste, die Benachrichtigung von Freunden, Bekannten und Verwandten, die erste Möglichkeit überhaupt für den Hinterbliebenen zu realisieren, was geschehen ist. Sich der Tatsache zu stellen, dass ein

Plutonische Wandlung

geliebter Mensch von uns gegangen ist, bedeutet, sich dem Schmerz zu öffnen, ihn zuzulassen und den nötigen Abschied zu vollziehen.

In ländlichen Gegenden ist es heute noch üblich, dass Trauernde von Tür zu Tür gehen, um jedem Nachbarn persönlich die Todesnachricht zu überbringen. Dieser Brauch mag uns vielleicht etwas hart erscheinen. Aber übersehen wir dabei nicht, dass er dadurch, dass er derjenige ist, der die Nachricht vom Tode des geliebten Familienangehörigen überbringt, auch derjenige sein kann, der direkt und unmittelbar die Worte des Trostes empfangen und erleben kann, dass er nicht alleine ist, in seinem Schmerz? Mit jeder Tür, an die er klopft, wird er erkennen, dass er eingebunden ist, in eine Gemeinschaft, die Schutz und Zuflucht sein kann, die den Verstorbenen zu Lebzeiten gekannt und geschätzt hat und nun ebenfalls um ihn trauert. So, wie die Mosfrau auf ihrem Weg an die Türen ihrer Schwestern klopfte, um dort aufgenommen, getröstet und versorgt zu werden.

Auch der alte Brauch des Leichenschmauses, bei dem nach einer Beerdigung alle Trauergäste zusammen essen und dabei den Verstorbenen durch Anekdoten über gemeinsame Erlebnisse wieder auferstehen lassen, wird heute oft als pietätlos abgelehnt. Natürlich haben diese feucht-fröhlichen Runden, die mit zunehmenden Alkoholkonsum immer lustiger und lauter werden, auf den ersten Blick wenig mit Trauer zu tun - zumindest nicht mit der Art von Trauer, die wir als ›gesellschaftlich korrekt‹ ansehen. Aber Trauer - und vor allem die Verarbeitung eines Verlustes - zeigt sich in vielerlei Erscheinung. Für die Hinterbliebenen können dies genau die wichtigen Momente des Trostes sein. Zu erkennen, dass der Verstorbene auch in der Gemeinschaft fehlt, aber auch, dass das Leben weitergeht und der geliebte Angehörige in und mit uns weiterlebt, lindert - wenn auch nur für einen Moment - den eigenen Schmerz.

Hier wird er wieder lebendig, und zwar so, wie er für die Gemeinschaft war und wie auch die Erinnerung an ihn erhalten bleiben wird. Dies ist für den weiteren Trauerprozess wichtig und wesentlich. Besonders dann, wenn z.B. dem Sterben eine langwierige Krankheitsphase vorherging, die den Verstorbenen vielleicht sowohl physisch als auch psychisch verändert hat. Geschichten und Erzählungen aus seinem Leben können vieles wieder »ins rechte Licht rücken« und es ermöglichen, dass wir den Verstorbenen so im Gedächtnis behalten können, wie er wirklich war.

Auch, wenn diese Art von traditionellem Brauchtum in unserer urbanen Lebensart keine oder kaum noch Bedeutung hat, sind Rituale und Zeremonien sowohl für die Hinterbliebenen, als auch für die Verstorbenen

Plutonische Wandlung

selbst von größter Bedeutung, um die Verankerung in unserem Leben zu erhalten, die ihnen gebührt.

Rituale (lat. Ritus = Gebrauch, Sitte) bestimmen unseren Tagesablauf. Sie trainieren unser Gedächtnis, konditionieren unsere Erinnerungen, helfen unsere Gefühle zu klären und die Schwankungen unserer Emotionen auszugleichen. Sie geben uns die innere Sicherheit, etwas strukturieren und kontrollieren zu können und sie stärken unsere Zugehörigkeit zur Gemeinschaft und unser Werteempfinden. Dort, wo unsere Rituale übereinstimmen, ist für uns Heimat. Unser Leben ist angefüllt mit kleineren oder größeren Ritualen, die wir meist vollziehen, ohne uns Gedanken darüber zu machen: der Abschiedskuss an den Partner am Morgen, das gemeinsame Essen, die Gute-Nacht-Geschichte am Abend, Weihnachten, Muttertag usw.

Was im Alltag wichtig ist, hat umso mehr Bedeutung in Krisen- und Ausnahmesituationen des Lebens. Kein Wunder also, dass mit abnehmender Bedeutung kirchlicher Traditionen die Wichtigkeit freier, neo-psychologischer oder esoterischer Rituale gewachsen ist. Sie helfen uns, das Geschehene zu realisieren und zu verarbeiten, und sie bilden einen psychologischen Ankerpunkt, der uns, wenn wir uns an ihn erinnern, das Gefühl gibt, etwas gut zum Abschluss gebracht zu haben. Unsere Erinnerungen finden durch sie einen

Ort, an dem unsere Gedanken zur Ruhe kommen und Heilung erfahren können.

Wir sind eingebunden in eine endlose Kette zwischen unseren Ahnen und all jenen, die nach uns kommen. Wir sind Teil davon, während des Lebens, aber auch im Tod. Dieses Wissen gibt Kraft zum Leben und ermöglicht es, nach jedem - auch noch so schweren Verlust - wieder einen neuen Weg zu beschreiten.

Wie Rituale im einzelnen aussehen können, dafür gibt es unzählige Beispiele. In den klassischen Ordnungen früherer Gemeinschaften oblag die Gestaltung dieser Abschiedszeremonien im Grunde immer der Kirche und damit dem Priester. Eine religiös gestaltete Beerdigung vermittelt den Hinterbliebenen, dass der Verstorbene in das erlösende, jenseitige Reich eingeht. Für Gläubige ein wichtiger Trost.

Immer weniger Menschen gehören jedoch den Hauptkirchen an. In vielen Familien mischen sich die religiösen Richtungen. Aber auch, wer einer Religion angehört, diese aber niemals zelebriert hat, wird in den Zeremonien seiner Glaubensrichtung kaum oder nur wenig Trost finden.

Für viele mag es deshalb wichtig sein, eigene Rituale des Abschieds zu entwickeln. Und auch hier - bei der individuellen Gestaltung - können wir in der astrologi-

Plutonische Wandlung

schen Beratung wertvolle Tipps geben. Die Grundanlagen im Horoskop, die Verteilung der Elemente, die Zeitqualität, all das kann Hinweise geben, ob ein Feuer-, Erd-, Luft- oder Wasserritual ratsam wäre. Ein merkurbetonter Mensch mag darin Trost finden, dem Verstorbenen Briefe zu schreiben, um seine Trauer und seinen Verlust darin aufzuarbeiten. Für erd- oder wasserbetonte Klienten erscheint es ratsam, die Natur als wesentlichen Bestandteil in ein Ritual einzubinden - also z.B. auf einem Berg oder an einem Fluss oder See. Feuerritualen wurden bereits in der Antike reinigende und läuternde Wirkungen zugesprochen. Sie führen uns symbolisch den Prozess der stofflichen Wandlung vor Augen. Daher sind sie natürlich nicht nur für Menschen mit starker Feuerbetonung geeignet, ihre Trauer- und Abschiedszeremonien zu gestalten.

Wir können unsere Klienten darin ermutigen, derartige rituelle Feiern selbst zu gestalten und Bekannte und Freunde in die Organisation mit einzubeziehen. Auch, wenn es bereits eine traditionelle Beerdigung gegeben hat, ist es nicht zu spät, für eine freie Abschiedsfeier, die nach eigenen Vorstellungen und/oder den Vorlieben des Verstorbenen durchgeführt werden kann. Für viele Trauernde bleibt nach einer herkömmlichen Trauerfeier ein Gefühl der Leere oder Enttäuschung zurück, weil sie den Eindruck haben, der geliebte Mensch, um den es eigentlich ging, sei nicht richtig gewürdigt worden. Das mag oft daran liegen, dass gar keine Beziehung zur Kirche oder der durch sie vertretenen religiösen Lehre bestand und die Konfession nichts weiter war, als ein gesellschaftlicher Proforma-Akt. Der Gemeindepfarrer hatte vielleicht die Person oder die Familie, um die es geht, niemals persönlich kennengelernt. Eine solche Erfahrung kann die Trauer um vieles erschweren und vor allem auch Schuldgefühle wecken, es nicht ›richtig gemacht‹ zu haben. Wir dürfen nicht vergessen, dass die Eindrücke rund um die Beerdigung/Abschiedsfeier die Erinnerung des Hinterbliebenen mit am nachhaltigsten prägen. Festliche Zeremonien bieten eine wichtige und wertvolle Gelegenheit, den Verstorbenen würdig zu verabschieden und den Trauernden in der Gemeinschaft zu verankern.

Die Art, wie wir Abschied nehmen, entscheidet über den ersten Schritt in ein neues Leben.

4.6 Schritt 4 - Zurück ins Leben

»*Plötzlich hörte sie jedoch die Stimme ihrer Bärenmutter: ›Chanti-Mädchen, himmlisches Mädchen! Wir haben unsere Zirbelzapfennägel gefunden. Wir danken dir dafür! Denn nun können unsere Seelen geradewegs in den Himmel fahren. Sieben Sterne werden dort oben sein. Das bin ich und zu meiner Linken und zu meiner Rechten meine beiden Söhne. ›Das Haus der Bärin‹ so wird dieses Sternbild heißen und, wenn deine Tränen versiegt sind, dann wirst du den Menschen davon berichten.*
Und nun, Chanti-Mädchen, gehe zurück zu den Menschen und lebe mit ihnen in Frieden. Aber vergiss nicht: Wenn sie morgen beim Festschmaus von unserem Fleisch essen und dich auffordern, es ihnen gleichzutun, dann sage: ›Ich esse nicht das Fleisch meiner Mutter und ich esse nicht das Fleisch meiner Brüder, und wenn ihr mich zwingt, dann werde ich gehen und wandern, soweit mein Auge schaut.‹«

Nun, da sie endgültig Abschied genommen hat, kann die Mosfrau zurück ins Leben. Und sie tut dies bewusst und aus eigenem Entschluss. Die Bärenmutter und ihre Brüder haben einen Platz im Himmel gefunden, so wie es Gott Torem versprochen hatte. Ihr Vertrauen in die ungeschriebenen Gesetze des Lebens haben sie dorthin gebracht. Und nicht zuletzt hat auch das Chanti-

ANWENDUNG IN DER PRAXIS

Mädchen dafür gesorgt, dass die Seelen ihre Zirbelzapfennägel wieder finden konnten. Diesen letzten Liebesdienst hat es ihnen erwiesen und dadurch wird es auch frei für ein neues Leben.

Wenn wir unsere Verstorbenen gut aufgehoben wissen, sicher und geborgen an ›ihrem‹ Platz im Himmel, können wir loslassen und, wenn wir selbst etwas dazu beigetragen haben, befreit uns das von quälender Last. Schuldgefühle und Gewissensbisse haben keine Grundlage mehr, weil wir das Geschehene einer größeren, kosmischen Ordnung überlassen können. Dann können wir die Erinnerung in unseren Herzen pflegen. Wir haben einen Ort der Trauer, aber auch des Trostes geschaffen.

Genau aus diesem Grund lieben wir jene Stelle aus dem ›Kleinen Prinzen‹ von Antoine de Saint-Exupery[1] so sehr - sie ist schmerzlich und anrührend zugleich - an der er spricht:

> *»Wenn du bei Nacht den Himmel anschaust,*
> *wird es dir sein, als lachten alle Sterne*
> *Weil ich auf einem von ihnen wohne,*
> *weil ich auf einem von ihnen lache ...*
> *Und wenn du dich getröstet hast*
> *(und man tröstet sich immer),*
> *wirst du froh sein, mich gekannt zu haben.«*

---

[1] Antoine de Saint-Exupery, »Der kleine Prinz«

Schritt 4 - Zurück ins Leben

Dies ist heilender Balsam für wunde Seelen. Die Tatsache, dass der geliebte Mensch gehen musste, mag unumstößlich sein, aber in dem, wie wir einem Menschen in seiner Trauer beistehen und in den letzten Dingen, die er für einen Verstorbenen tun kann, liegt das Versprechen für die Zukunft.

Und in diese Zukunft hinein trägt er all die Erinnerungen, die ihn mit dem Verstorbenen verbinden. Nach einem gelungenen Abschied ist er frei, ihnen einen gebührenden Platz in seinem Herzen zu geben.

Erst dann ist wirklich Los-Lösung im besten Sinne möglich. Die Verstorbenen ›aufgehoben‹ zu wissen, gilt hier im doppelten Wortsinn, denn es hebt am Ende auch die Trauer auf.

Deshalb kann die Mosfrau nun die nächsten Schritte tun, die sie aktiv in ein neues, eigenständiges Leben führen. Sie ist wieder frei, Beziehung aufzubauen und ihre Aufgaben in einem sozialen Miteinander zu übernehmen.

Das weiß auch die Bärenmutter. Deshalb hat sie noch einen letzten, wertvollen Rat für ihre Menschen-Tochter, der ihr helfen soll, sowohl die Bindung zu ihrer Herkunft und zu ihren Ahnen aufrecht zu erhalten, als auch in einem neuen, eigenen Leben heimisch zu werden.

Anwendung in der Praxis

»Am nächsten Tag beim großen Fest, als alle vom Bärenfleisch aßen, da sprach sie, genauso wie ihre Mutter sie geheißen: ›Ich esse nicht das Fleisch meiner Mutter und ich esse nicht das Fleisch meiner Brüder und, wenn ihr mich zwingt, werde ich gehen und wandern, soweit mein Auge schaut.‹«

Die Bärenmutter sorgt sich also darum, dass ihre Tochter in der Gemeinschaft, in der sie nun ein neues Leben beginnen soll, dies auch so tun kann, wie es ihrer Natur und ihrer Identität (Mond) entspricht. Sie soll nicht Fleisch von ihresgleichen essen. Das bedeutet, sie soll nicht gegen die Lebensgebote ihrer Ahnen verstoßen. Nur in einer Beziehung oder Gemeinschaft, in der es ihr möglich ist, auch zu ihrer Herkunft zu stehen, wird es ihr am Ende möglich sein, sich zu integrieren. Sie soll und darf ihre Wurzeln nicht verleugnen. Dennoch muss sie sich weiterentwickeln, wachsen und Neues erlernen und unterscheiden, welche alten Werte noch sinnvoll sind und welche im Hinblick auf ihre neue Lebensausrichtung verabschiedet oder verändert werden müssen. Denn nur durch entsprechende Entwicklung wird sie sich - wie Spieler und Sänger - mit ihrer wahren Identität (Mond) sinnvoll in das gesellschaftliche Miteinander (Saturn) einbringen können. Nur dann kann die fremde Stadt, das fremde Land zur Heimat werden. Zwingen die neuen Lebensumstände sie jedoch ihre Vergangenheit völlig aufzugeben, die

Schritt 4 - Zurück ins Leben

Herkunft zu verleugnen, Erinnerungen auszulöschen, weil sie im neuen Leben keinen Platz und keine Wertigkeit besitzen, wird Frieden nicht gelingen. Integration heißt, das Alte mit dem Neuen verbinden, um daraus einen weiteren kreativen Prozess entstehen zu lassen. Das gilt für alle Neuorientierungs- und Umbruchsphasen unseres Lebens und das lehren uns nicht zuletzt auch die grundlegenden Gesetze der Alchemie.

»Da erschrak der alte Stadtfürst und sprach: ›Meine liebe Mosfrau, ich bitte dich, du bist nicht gekommen, um wieder fortzugehen. Iss, was immer dir erlaubt ist zu essen und bleib bei uns in Frieden.‹«

Der alte Stadtfürst ist klug, besonnen und erfahren. Er weiß um diese ungeschriebenen Gesetze. Deshalb bittet er die Mosfrau als die zu bleiben, die sie ist. Und sie selbst hat nun aus den Erfahrungen ihrer plutonischen Transformationen gelernt. Durch die Erlebnisse der Vergangenheit ist sie gereift und ihrer seelischen Ganzheit ein Stück nähergerückt. Nun kann sie sich zu ihrer neuen, erwachsenen Mond-Anlage bekennen. Jetzt, nachdem die Trauer durchlebt ist, kann sie endlich Teil einer neuen Gemeinschaft werden, der sie nun - gerade dadurch, dass sie zu ihrer Identität gefunden hat - auch Heilung und Segen bringt. Als Mosfrau lebt sie nun beim Volke der Chanten, verwurzelt in ihrer

Anwendung in der Praxis

Herkunft, gereift durch ihre eigenen Lebenserfahrungen und eingebettet in den Segen ihrer Ahnen ...

»... und seitdem ist dieses Volk gesund und glücklich.«

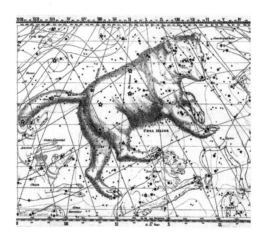

Schritt 4 - Zurück ins Leben

*Ich ließ meinen Engel lange nicht los
und er verarmte mir in den Armen.
Er wurde klein, und ich wurde groß
und auf einmal war ich das Erbarmen
Und er eine zitternde Bitte bloß.*

*Da hab ich ihm seinen Himmel gegeben.
Und er ließ mir das Nahe, daraus er entschwand;
Er lernte das Schweben, ich lernte das Leben
und wir haben uns langsam einander erkannt ...*

*Rainer Maria Rilke
›Engellieder‹*